La ciclotimia

y yo

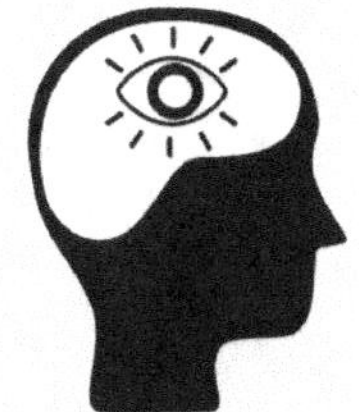

Redacción científica con datos personales

Necesito ayuda, busca ayuda, todos necesitamos ayuda, es muy difícil, nada es difícil, qué felicidad, que tristeza, necesito ayuda, tú necesitas ayuda, todos necesitamos ayuda, qué felicidad, que tristeza, estoy bien, no estoy bien, estoy mal, no tú estás mal, estoy siempre en lo correcto, no creo equivocarme, necesito ayuda, tú necesitas ayuda, quien necesite de ayuda, ayuda, ayudame, dejame ayudarte.

¿Estas bien? ¿Que pasa? ¿como te sientes? ¿te duele la cabeza? ¿me estas escuchando? ¿te duele algo? ¿que pasa? ¿estas bien? ¿estoy bien? ¿te pasa algo? ¿por que no te diviertes? ¿por que me haces esto? ¿por que nunca estas bien? ¿que pasa? ¿te duele algo? ¿quieres algo? ¿no te sientes bien? ¿como puedo ayudarte? ¿quieres algo? ¿quieres llorar? ¿no te gusta? ¿no te parece que lo hago bien?

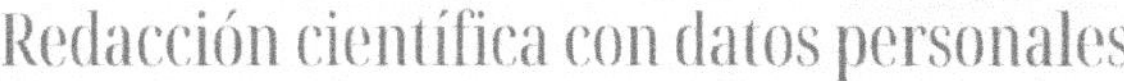

Guia sobre el trastorno ciclotimico

Si puedes, inténtalo, tú puedes, inténtalo, solo debes intentarlo, puedes hacerlo, eres genial, eres lo máximo, que inteligente eres, tú puedes, buen trabajo, tu puedes, que orgullo, lo lograste, tú puedes, bien hecho, que genial eres, eres lo máximo, tú puedes, eres genial, tú puedes, vamos, eres genial, tú puedes, eres perfecto, que bueno eres.

No me siento bien, me duele la cabeza, no entiendo que pasa, me duele la vista, estoy mareado, no entiendo que pasa, estoy bien, estoy genial, no me siento bien, no entiendo que sucede, estoy confundido, quiero estar bien, no entiendo que pasa, me siento bien, no me siento bien, no entiendo que pasa, estoy cansado, necesito ayuda, yo puedo.

No, no sirves para esto, mejor intenta otra cosa, no sirves para esto, creo que deberías intentar otra cosa, esto no es lo tuyo, no puedes hacer esto, no me entiendes, solo piensas en ti mismo, crees que eres el único que tienes problemas, solo piensas en ti mismo, supéralo, no puedes hacerlo, te crees que la vida solo es difícil para ti, no eres especial.

Deimon Da Palma Pérez

Introducción

Capítulo 1 ¿Qué es la ciclotimia? 5

Capítulo 2 Diagnóstico de la ciclotimia: ¿Cómo saber si la tienes? 9

Capítulo 3 Posibles causas de la ciclotimia y factores de riesgo asociados. 12

Capítulo 4 Ciclotimia y otros trastornos del estado de ánimo: diferencias y similitudes. 16

Capítulo 5 Síntomas de la ciclotimia: episodios depresivos e hipomaníacos. 20

Capítulo 6 La importancia de un diagnóstico temprano: ¿Por qué es importante buscar ayuda? 23

Capítulo 7 Ciclotimia y su impacto en la vida cotidiana: relaciones, trabajo y otros ámbitos. 26

Capítulo 8 La importancia del apoyo social en el manejo de la ciclotimia. 29

Capítulo 9 Cuidar de uno mismo y practicar el autocuidado para manejar los síntomas de la ciclotimia. 34

Capítulo 10 Importancia de la terapia y otros tratamientos para el manejo de la ciclotimia. 43

Capítulo 11 Mantener un estilo de vida saludable para el manejo de la ciclotimia. 50

Capítulo 12 El apoyo social en el manejo de la ciclotimia. 53

Capítulo 13 El autocuidado en la gestión de la ciclotimia. 56

Palabras finales

La ciclotimia es una condición psiquiátrica que afecta a un número significativo de personas en todo el mundo. A menudo malentendida o confundida con otras enfermedades mentales, como el trastorno bipolar o la depresión mayor, la ciclotimia se caracteriza por la presencia de fluctuaciones cíclicas del estado de ánimo, que oscilan entre episodios hipomaníacos y depresivos.

Aunque se considera una forma más leve de trastorno bipolar, la ciclotimia puede tener un impacto significativo en la calidad de vida de quienes la padecen. La inestabilidad emocional puede afectar las relaciones interpersonales, el rendimiento académico o laboral, y el bienestar general de la persona.

En este libro, exploraremos en detalle qué es la ciclotimia, sus síntomas, sus causas y los tratamientos disponibles para abordar esta condición. También incluiré detalles de como es vivir con este trastorno, los detalles personales los incluiré con letra cursiva y con otra *fuente* para diferenciar los hechos científicos de mi opinión personal.

Soy una persona que ha sido diagnosticada con trastorno ciclotímico y ha experimentado altibajos emocionales durante años, claro que el diagnóstico fue dado unos diez años después de haber comenzado terapia. A veces, me siento extremadamente eufórico, lleno de energía, creatividad y confianza. Me siento capaz de hacer cualquier cosa y mi autoestima está por las nubes. Pero en otras ocasiones, me siento muy triste, ansioso e irritable. Todo lo que hago parece estar mal y me cuesta encontrar motivación para hacer las cosas.

Estos cambios de humor pueden ser muy intensos, y a menudo me siento fuera de control y sin saber qué hacer. Me preocupa mucho cómo afectan mis emociones a mis relaciones con los demás, y a veces me preocupa que pueda perder el control de mis impulsos.

Aunque es difícil lidiar con el trastorno ciclotímico, he aprendido a manejarlo a lo largo del tiempo. A veces, cuando me siento muy bien, trato de hacer cosas que me relajen y me ayuden a mantener la calma. Y cuando me siento muy mal, trato de recordar que se trata de un estado temporal y que eventualmente pasaré por el otro lado. Trato de ser paciente y compasivo conmigo mismo, y buscar ayuda profesional cuando la necesito.

"No importa lo lento que vayas, siempre y cuando no te detengas." - Confucio

Esta cita enfatiza la importancia de seguir adelante y no rendirse, incluso cuando las cosas parecen difíciles. Puede recordar a las personas con ciclotimia que incluso si sienten que están progresando lentamente, cada paso que dan es importante y valioso.

Capítulo 1 ¿Qué es la ciclotimia?

El trastorno ciclotímico, también conocido como trastorno afectivo ciclotímico, fue descubierto por primera vez por el psiquiatra alemán Karl Kahlbaum en el siglo XIX.

Karl Kahlbaum fue un destacado psiquiatra alemán del siglo XIX, nacido el 28 de abril de 1828 en Halle, Prusia, y fallecido el 15 de enero de 1899 en Görlitz, Alemania.

Después de estudiar medicina en varias universidades alemanas, Kahlbaum comenzó a trabajar como médico en varios hospitales psiquiátricos, donde se interesó en el estudio de los trastornos mentales.

En 1863, Kahlbaum publicó un influyente estudio clínico titulado "Die Gruppirung der psychischen Krankheiten und die Einführung eines neuen Symptoms" ("La agrupación de las enfermedades mentales y la introducción de un nuevo síntoma"), en el que describió una condición que llamó "ciclotimia". Esta condición se caracterizaba por fluctuaciones cíclicas en el estado de ánimo que eran menos extremas que las de la depresión o el trastorno bipolar.

Kahlbaum también fue conocido por su trabajo en el campo de la epilepsia y fue uno de los primeros médicos en usar la bromuro de potasio como tratamiento para esta afección.

En reconocimiento a sus importantes contribuciones a la psiquiatría, Kahlbaum fue nombrado profesor de psiquiatría en la Universidad de Breslavia en 1878.

Kahlbaum describió una condición que él llamó "ciclotimia" que se caracterizaba por fluctuaciones cíclicas en el estado de ánimo que eran menos extremas que las de la depresión o el trastorno bipolar.

A lo largo del siglo XX, la comprensión del trastorno ciclotímico evolucionó y se expandió. En la década de 1970, se incluyó en la primera edición del Manual Diagnóstico y Estadístico de los Trastornos Mentales (DSM) publicado por la Asociación Americana de Psiquiatría. El Manual Diagnóstico y Estadístico de los Trastornos Mentales (DSM) es un manual utilizado por profesionales de la salud mental para diagnosticar y clasificar los trastornos mentales. El DSM es publicado por la Asociación Americana de Psiquiatría y ha sido revisado y actualizado varias veces desde su primera publicación en 1952.

El DSM proporciona criterios claros para el diagnóstico de trastornos mentales basados en la observación de síntomas y comportamientos específicos. También incluye información sobre la prevalencia, la historia natural y el pronóstico de los diferentes trastornos mentales.

El DSM se utiliza ampliamente en todo el mundo como un marco común para el diagnóstico de trastornos mentales, y su uso es fundamental para la investigación y la práctica clínica en el campo de la salud mental. Sin embargo, también ha sido objeto de críticas y controversias, especialmente en relación con la definición y clasificación de ciertos trastornos mentales, así como la posible medicalización excesiva de ciertos comportamientos y emociones humanas normales.

El DSM-IV, publicado en 1994, definió el trastorno ciclotímico como un trastorno del estado de ánimo crónico que se caracteriza por períodos alternos de síntomas depresivos y síntomas hipomaníacos, pero que no cumple con los criterios para un diagnóstico de trastorno bipolar tipo I o tipo II.

En el DSM-5, publicado en 2013, el trastorno ciclotímico se clasificó como un trastorno del espectro bipolar y se definió como un patrón crónico de fluctuaciones del estado de ánimo que alternan entre síntomas hipomaníacos y síntomas depresivos que no cumplen los criterios para un diagnóstico de trastorno bipolar tipo I o tipo II.

La ciclotimia a menudo se confunde con el trastorno bipolar, sin embargo, la ciclotimia se considera una forma más leve de este trastorno. A diferencia del trastorno bipolar, los cambios en el estado de ánimo en la ciclotimia son menos extremos y los episodios hipomaníacos no llegan a ser tan intensos como en el trastorno bipolar.

Las personas que padecen ciclotimia suelen experimentar episodios hipomaníacos que duran al menos dos días, y episodios depresivos que duran al menos cuatro días. En muchos casos, las personas pueden experimentar varios ciclos al año.

Es una condición crónica que puede durar muchos años, pero con el tratamiento adecuado, las personas pueden aprender a manejar los síntomas y vivir una vida plena y satisfactoria.

El diagnóstico de la ciclotimia se realiza mediante la evaluación clínica, donde se toman en cuenta los antecedentes médicos y psiquiátricos del paciente, además de sus síntomas actuales. Es importante buscar ayuda médica si se experimentan cambios cíclicos en el estado de ánimo, ya que la ciclotimia puede ser confundida con otras condiciones psiquiátricas como la depresión mayor o el trastorno bipolar.

Descubrir que tenía trastorno ciclotímico fue una experiencia abrumadora para mí. Durante mucho tiempo había notado cambios extremos en mi estado de ánimo, pero nunca pensé que podría ser algo grave. Simplemente asumía que era normal tener altibajos emocionales.

Sin embargo, después de hablar con un profesional de la salud mental y compartir mis síntomas, me di cuenta de que mis cambios de humor no eran normales y que podría tener un trastorno mental subyacente. Fue un shock para mí. Pensé que algo andaba mal conmigo y me sentí avergonzado por ello.

Pero a medida que aprendí más sobre el trastorno ciclotímico y sus síntomas, comencé a entender que no era culpa mía. Era simplemente una condición que necesitaba ser tratada. Aprendí que hay muchos tratamientos efectivos disponibles, como la terapia y los medicamentos, y que podría vivir una vida normal y saludable si buscaba ayuda.

Aunque todavía es difícil enfrentar los altibajos emocionales, saber que tengo una condición real y que hay formas de tratarla me ha dado cierto alivio. Me ha ayudado a dejar de sentirme culpable y a ser más compasivo conmigo mismo. Aprendí que no estoy solo y que hay muchas otras personas que están lidiando con condiciones similares. Y aunque todavía hay días difíciles, sé que estoy haciendo lo mejor que puedo para cuidar de mí mismo y de mi salud mental.

"La perseverancia es la clave del éxito. Siempre que caigas, levántate y sigue adelante, recordando que los errores son simplemente oportunidades para crecer y mejorar". - Oprah Winfrey

Seguir perseverando incluso en momentos difíciles, recordando que los errores son oportunidades para aprender y crecer. Puede inspirar a las personas con ciclotimia a seguir adelante y no rendirse ante los obstáculos que puedan encontrar en su camino. Odio a Oprah.

Capítulo 2 Diagnóstico de la ciclotimia: ¿Cómo saber si la tienes?

La ciclotimia es un trastorno del estado de ánimo que puede ser difícil de diagnosticar, ya que sus síntomas pueden ser leves y fluctuar con el tiempo. A menudo, las personas que padecen ciclotimia pueden no reconocer que están experimentando síntomas de la enfermedad, o pueden confundirlos con otros problemas de salud mental.

El diagnóstico de la ciclotimia se basa en los criterios establecidos en el Manual Diagnóstico y Estadístico de los Trastornos Mentales, publicado por la Asociación Americana de Psiquiatría. Estos criterios incluyen:

1. La presencia de episodios hipomaníacos y depresivos durante al menos dos años, con una duración mínima de dos meses para cada episodio.
2. Los episodios no cumplen con los criterios diagnósticos del trastorno bipolar o la depresión mayor.
3. Los síntomas no se explican mejor por otro trastorno mental o por el uso de sustancias.

Si experimentas ciclos repetidos de cambios en el estado de ánimo y crees que podrías tener ciclotimia, es importante buscar ayuda médica. Tu médico de atención primaria o un psiquiatra pueden evaluar tus síntomas y determinar si tienes ciclotimia u otro trastorno del estado de ánimo.

El diagnóstico temprano de la ciclotimia es importante para obtener el tratamiento adecuado y manejar los síntomas de manera efectiva. Si tienes ciclotimia, hay varias opciones de tratamiento disponibles, incluyendo psicoterapia, medicamentos y cambios en el estilo de vida.

Si necesitas ayuda para el trastorno ciclotímico en España, hay varias opciones a tu disposición:

- Acudir al médico de cabecera: El primer paso es visitar a tu médico de cabecera para una evaluación inicial. Él o ella podrá derivarte a un especialista en salud mental si es necesario.
- Consultar a un psiquiatra: Un psiquiatra es un médico especializado en la evaluación y el tratamiento de los trastornos mentales. Puedes solicitar una cita con un psiquiatra en tu centro de salud o clínica privada.
- Pedir una cita con un psicólogo: Un psicólogo es un profesional de la salud mental capacitado para evaluar y tratar los trastornos emocionales y conductuales. Puedes encontrar un psicólogo en tu área a través de la web del Colegio Oficial de Psicólogos.
- Asistir a grupos de apoyo: Los grupos de apoyo pueden proporcionar un entorno de apoyo y comprensión para las personas que viven con trastornos mentales. Puedes buscar grupos de apoyo en línea o preguntar a tu médico o psicólogo si conocen alguno.

- Llamar a una línea de ayuda: También puedes buscar ayuda en una línea de ayuda telefónica, como el Teléfono de la Esperanza (717 003 717) o la Asociación de Ayuda y Prevención del Suicidio (900 924 713).

Es importante recordar que el tratamiento del trastorno ciclotímico puede ser efectivo, y que hay muchas opciones de tratamiento disponibles. Si estás experimentando síntomas de trastorno ciclotímico, no dudes en buscar ayuda de un profesional de la salud mental lo antes posible.

Buscar ayuda para mi trastorno ciclotímico fue un proceso difícil y frustrante. Al principio, me costaba entender lo que estaba pasando y no sabía a quién acudir para buscar ayuda. Visité a algunos terapeutas que parecían no comprender completamente lo que estaba pasando y que no parecían tener mucha experiencia en el tratamiento de trastornos del estado de ánimo.

Fue muy desalentador y me sentí aún más solo en mi lucha contra la ciclotimia. Pero después de algunas semanas de búsqueda, finalmente encontré a un profesional de salud mental que tenía experiencia en el tratamiento de trastornos del estado de ánimo y que comprendía completamente lo que estaba pasando.

Desde el primer día, supe que estaba en buenas manos. Me sentí escuchado y comprendido, y me sentí seguro al compartir mis pensamientos y sentimientos con él. También fue muy útil para mí tener a alguien que pudiera explicar los síntomas de la ciclotimia de manera clara y concisa, y que pudiera ofrecerme estrategias efectivas para manejar mis cambios de humor.

A medida que continué mi tratamiento con este profesional de salud mental, pude ver mejoras significativas en mi estado de ánimo y en mi capacidad para manejar mi ciclotimia. Aprendí que no debía tener miedo de buscar ayuda y que, con la orientación correcta, podría vivir una vida saludable y feliz, a pesar de mi trastorno.

"El éxito no es la clave de la felicidad. La felicidad es la clave del éxito. Si amas lo que estás haciendo, tendrás éxito." - Albert Schweitzer

Encontrar la felicidad en lo que hacemos en lugar de buscar el éxito a toda costa. Puede recordar a las personas con ciclotimia la importancia de encontrar actividades y pasatiempos que les gusten y les brinden felicidad, y cómo esto puede contribuir al éxito en el largo plazo, no tengo la menor idea de quien es Albert Schweitzer.

Capítulo 3 Posibles causas de la ciclotimia y factores de riesgo asociados.

Aunque todavía no se conoce completamente la causa de la ciclotimia, se cree que es el resultado de una combinación de factores biológicos, psicológicos y ambientales. Aquí hay algunos factores que se han asociado con la ciclotimia:

1. Genética: La ciclotimia parece tener una fuerte base genética. Los estudios han demostrado que los familiares de primer grado de las personas con ciclotimia tienen un mayor riesgo de desarrollar la enfermedad que la población general. Se ha encontrado que ciertos genes están asociados con un mayor riesgo de trastornos del estado de ánimo, y es posible que estos genes estén involucrados en la regulación de los neurotransmisores, los mensajeros químicos en el cerebro que regulan el estado de ánimo y las emociones. Además, los estudios han demostrado que los factores ambientales también pueden influir en la forma en que se expresa la genética en el desarrollo del trastorno ciclotímico. Por ejemplo, los factores estresantes en la vida, como el trauma emocional o la pérdida, pueden desencadenar la aparición de síntomas en personas con una predisposición genética a la enfermedad. Aunque se cree que la genética juega un papel importante en el desarrollo del trastorno ciclotímico, también es probable que los factores ambientales interactúen con la genética para influir en el desarrollo y la gravedad de la enfermedad. Aunque no se puede prevenir completamente la aparición del trastorno ciclotímico, la identificación temprana y el tratamiento adecuado pueden ayudar a las personas a manejar y controlar los síntomas.

2. Desbalances químicos en el cerebro: La ciclotimia se ha relacionado con desequilibrios químicos en el cerebro, en particular en los niveles de serotonina, dopamina y noradrenalina. Estos desequilibrios pueden afectar el estado de ánimo y los patrones de sueño. En el caso del trastorno ciclotímico, se ha encontrado que hay un desequilibrio en los neurotransmisores serotonina, norepinefrina y dopamina. La serotonina está involucrada en la regulación del estado de ánimo, el sueño y el apetito, mientras que la norepinefrina y la dopamina están involucradas en la regulación del estado de ánimo, la motivación y la recompensa. En personas con trastorno ciclotímico, se cree que hay una disminución en los niveles de serotonina y norepinefrina durante los episodios depresivos y una elevación en los niveles de dopamina durante los episodios hipomaníacos. Esto puede explicar los cambios extremos de ánimo que experimentan las personas con trastorno ciclotímico. Además, el estrés y otros factores ambientales pueden afectar la producción y el equilibrio de los neurotransmisores en el cerebro, lo que a su vez puede desencadenar episodios de ciclotimia en personas vulnerables. El desequilibrio químico en los neurotransmisores, específicamente en la serotonina, la norepinefrina y la dopamina, puede afectar la aparición del trastorno ciclotímico y otros trastornos del estado de ánimo. Si bien la genética también juega un papel en la aparición del trastorno, es importante tener en cuenta que la ciclotimia es un trastorno complejo que puede tener múltiples causas y factores contribuyentes.

3. Experiencias traumáticas: Los eventos traumáticos pueden desencadenar la ciclotimia en algunas personas. Las experiencias traumáticas, como el abuso físico o

emocional, la pérdida de un ser querido o el estrés laboral, pueden aumentar el riesgo de desarrollar ciclotimia. Las experiencias traumáticas pueden afectar en la aparición del trastorno ciclotímico, ya que pueden ser un factor desencadenante o contribuyente para su desarrollo. Las personas que han experimentado traumas emocionales, como abuso físico, sexual o emocional, pérdida de seres queridos, violencia, negligencia, entre otros, pueden tener un mayor riesgo de desarrollar trastornos del estado de ánimo, incluyendo la ciclotimia. Se cree que los traumas emocionales pueden alterar el equilibrio químico en el cerebro y afectar la función de las regiones cerebrales involucradas en la regulación del estado de ánimo, lo que puede aumentar el riesgo de desarrollar un trastorno del estado de ánimo como la ciclotimia. Además, las personas que han experimentado traumas pueden tener un mayor riesgo de sufrir estrés y ansiedad crónicos, lo que puede contribuir al desarrollo de la ciclotimia y otros trastornos del estado de ánimo. Las experiencias traumáticas pueden ser un factor contribuyente para el desarrollo del trastorno ciclotímico y otros trastornos del estado de ánimo. Es importante tener en cuenta que la ciclotimia es un trastorno complejo que puede tener múltiples causas y factores contribuyentes, y que la identificación temprana y el tratamiento adecuado pueden ayudar a las personas a manejar y controlar los síntomas.

4. Problemas de sueño: Las alteraciones del sueño pueden desencadenar ciclos de cambios en el estado de ánimo en algunas personas con ciclotimia. Los problemas de sueño pueden afectar en la aparición del trastorno ciclotímico, ya que el sueño y el estado de ánimo están estrechamente relacionados. Se ha encontrado que las personas con trastornos del estado de ánimo, como la ciclotimia, a menudo tienen problemas de sueño, como insomnio, sueño interrumpido o excesivo, y trastornos del ritmo circadiano. Los estudios han demostrado que la falta de sueño o la interrupción del sueño pueden afectar el equilibrio químico en el cerebro, incluyendo la serotonina y la dopamina, lo que puede empeorar los síntomas del trastorno ciclotímico. Por ejemplo, la falta de sueño puede aumentar la irritabilidad, la ansiedad, la depresión y la impulsividad, lo que puede desencadenar episodios de hipomanía o depresión en personas con ciclotimia. Además, los problemas de sueño pueden desencadenar el estrés y la ansiedad crónicos, lo que puede aumentar el riesgo de desarrollar la ciclotimia y otros trastornos del estado de ánimo. Por lo tanto, es importante que las personas con trastorno ciclotímico tomen medidas para mejorar la calidad de su sueño, como establecer horarios regulares de sueño y vigilia, evitar la cafeína y el alcohol antes de dormir, y crear un ambiente de sueño adecuado. También es importante tratar cualquier problema de sueño existente para ayudar a mejorar el control de los síntomas del trastorno ciclotímico.

5. Consumo de sustancias: El consumo de drogas y alcohol puede afectar el estado de ánimo y aumentar el riesgo de desarrollar ciclotimia. El consumo de sustancias puede afectar en la aparición del trastorno ciclotímico, ya que el abuso de ciertas sustancias puede tener efectos adversos sobre el cerebro y el estado de ánimo, lo que puede aumentar el riesgo de desarrollar trastornos del estado de ánimo, como la ciclotimia. El consumo excesivo de alcohol y drogas puede alterar el equilibrio químico en el cerebro, lo que puede provocar cambios en el estado de ánimo y desencadenar episodios de hipomanía o depresión en personas con ciclotimia. Además, el uso de sustancias puede afectar la calidad del sueño y aumentar el estrés y la ansiedad, lo que también puede desencadenar episodios ciclotímicos. Es importante tener en cuenta que el consumo de sustancias puede ser un factor de riesgo para el desarrollo

de la ciclotimia y otros trastornos del estado de ánimo, especialmente en personas con una predisposición genética o antecedentes familiares de trastornos del estado de ánimo. Por lo tanto, es importante evitar el consumo excesivo de alcohol y drogas, especialmente en personas con ciclotimia u otros trastornos del estado de ánimo. Si se sospecha un problema de abuso de sustancias, es importante buscar ayuda profesional lo antes posible para abordar el problema y evitar posibles complicaciones en la salud mental.

Si bien estos factores pueden aumentar el riesgo de desarrollar ciclotimia, no todas las personas con estos factores desarrollan la enfermedad. Es importante recordar que la ciclotimia es una condición compleja y multifactorial, y que la presencia de uno o más de estos factores de riesgo no necesariamente significa que se desarrollará la enfermedad.

Cuando comencé a experimentar cambios de humor extremos y frecuentes, comencé a reflexionar sobre lo que podría haber causado esto en mí. Pensé en todos los eventos estresantes que había experimentado en mi vida, desde la muerte de un ser querido hasta problemas familiares y dificultades en mi trabajo. También pensé en mi historia de relaciones interpersonales y en cómo podrían haber influido en mi salud mental.

Pero a medida que profundicé en mi reflexión, me di cuenta de que no había una sola causa para mi ciclotimia. Era una combinación de factores, desde eventos estresantes hasta mi historia de vida, mi genética y mi química cerebral. Comprendí que la ciclotimia es un trastorno complejo que no se puede atribuir a una sola causa, sino a una combinación de factores.

Aprendí que es importante no culparme por mi condición y que buscar ayuda es el primer paso para manejarla. Al trabajar con un profesional de la salud mental, pude comenzar a comprender mejor mi condición y a aprender estrategias para manejar mis cambios de humor. Aprendí que no puedo controlar todas las circunstancias de mi vida, pero puedo controlar cómo reacciono a ellas y cómo manejo mi salud mental.

Aunque todavía es un proceso continuo y hay días difíciles, sé que estoy haciendo lo mejor que puedo para cuidar de mí mismo y de mi salud mental. Comprendí que mi ciclotimia es una parte de mí, pero no me define como persona, y que puedo vivir una vida plena y feliz, a pesar de ella.

"El éxito no es definitivo, el fracaso no es fatal, lo que cuenta es el coraje para continuar." - Winston Churchill

Tener coraje y perseverancia incluso cuando enfrentamos obstáculos y dificultades. Puede recordar a las personas con ciclotimia que incluso si experimentan altibajos en su camino hacia el bienestar emocional, es importante seguir adelante y tener la fuerza y la determinación para continuar luchando.

Capítulo 4 Ciclotimia y otros trastornos del estado de ánimo: diferencias y similitudes.

La ciclotimia es un trastorno del estado de ánimo que se caracteriza por cambios cíclicos y leves del estado de ánimo. En general, las personas con ciclotimia experimentan períodos de ánimo elevado (llamados hipomanía) y períodos de ánimo bajo (llamados distimia) que duran al menos dos años. Sin embargo, estos síntomas son menos graves que los de los trastornos bipolares I y II.

En contraste, los trastornos bipolares I y II se caracterizan por episodios más graves de hipomanía o manía, seguidos de depresión. El trastorno bipolar I implica un episodio maníaco completo, mientras que el trastorno bipolar II implica un episodio hipomaníaco y uno o más episodios depresivos.

Otro trastorno del estado de ánimo que es similar a la ciclotimia es el trastorno depresivo mayor, que se caracteriza por períodos prolongados de tristeza, falta de interés y otros síntomas depresivos. Sin embargo, en este trastorno, no hay episodios de hipomanía o manía.

Aunque la ciclotimia tiene similitudes con otros trastornos del estado de ánimo, se diferencia por su patrón de ciclos leves de hipomanía y distimia que duran al menos dos años. Los trastornos bipolares y el trastorno depresivo mayor se caracterizan por episodios más graves de cambios de humor y depresión.

La ciclotimia puede ser difícil de diagnosticar por varias razones. En primer lugar, los síntomas de la ciclotimia pueden ser menos evidentes o menos intensos que los de otros trastornos del estado de ánimo, como el trastorno bipolar. Además, los pacientes con ciclotimia pueden no buscar tratamiento debido a que los cambios de humor no interfieren significativamente en su vida cotidiana.

Otra razón por la que la ciclotimia puede ser difícil de diagnosticar es porque los síntomas pueden ser confundidos con los de otros trastornos, como el trastorno depresivo mayor o el trastorno bipolar tipo II. Los pacientes con ciclotimia también pueden tener episodios de ansiedad, lo que puede hacer que el diagnóstico sea aún más complicado.

La ciclotimia también puede ser mal diagnosticada o no diagnosticada en parte debido a la falta de conciencia y educación sobre este trastorno entre los profesionales de la salud mental. Muchas personas con ciclotimia pueden recibir un diagnóstico erróneo o no recibir ningún tratamiento en absoluto, lo que puede empeorar la condición con el tiempo. Por lo tanto, es importante que los profesionales de la salud mental estén informados y capacitados para diagnosticar y tratar la ciclotimia adecuadamente.

La cifra exacta de personas que sufren de ciclotimia es difícil de determinar, ya que a menudo es mal diagnosticada o no se diagnostica en absoluto. Sin embargo, se estima que la prevalencia de la ciclotimia es de aproximadamente 0,4% en la población general. Es más común en mujeres que en hombres y generalmente comienza en la adolescencia o la edad adulta temprana.

Los trastornos del estado de ánimo, incluida la ciclotimia, se asocian con un mayor riesgo de suicidio. Según la Organización Mundial de la Salud (OMS), aproximadamente una persona muere por suicidio cada 40 segundos en todo el mundo. Por lo tanto, es importante buscar tratamiento si se experimentan síntomas de ciclotimia o cualquier otro trastorno del estado de ánimo, especialmente si se tiene pensamientos suicidas o se ha intentado el suicidio en el pasado. En España, según los datos del Instituto Nacional de Estadística (INE), en 2020 se registraron 3.601 fallecimientos por suicidio, lo que representa una tasa de 7,67 suicidios por cada 100.000 habitantes. Esta tasa se ha mantenido relativamente estable en los últimos años, aunque en 2020 se produjo un aumento respecto al año anterior debido en parte a la crisis sanitaria y económica generada por la pandemia de COVID-19. Es importante destacar que estas cifras pueden estar infravaloradas, ya que existen casos de suicidios encubiertos o que no se declaran como tales por motivos culturales, religiosos o legales.

Desafortunadamente, los trastornos mentales todavía son un tema tabú en nuestra sociedad y a menudo se perciben mal. La ciclotimia, en particular, es un trastorno que no se comprende bien debido a su complejidad y sus síntomas pueden ser confundidos con cambios normales del estado de ánimo. Además, muchas personas no buscan tratamiento debido a la falta de información y recursos disponibles.

La falta de comprensión y estigma asociado con la ciclotimia puede tener graves consecuencias para las personas que viven con el trastorno, ya que pueden sentirse aislados, incomprendidos y solos. También pueden experimentar discriminación en el lugar de trabajo, en la escuela o incluso en el sistema de salud.

Es importante que la sociedad en general se informe y se eduque sobre los trastornos mentales, incluyendo la ciclotimia, para poder eliminar el estigma y brindar un mejor apoyo y comprensión a las personas que viven con el trastorno. Las organizaciones y grupos de apoyo también pueden ser de gran ayuda para las personas que viven con la ciclotimia y para sus seres queridos, ya que pueden proporcionar información y recursos para el tratamiento y el manejo del trastorno.

Una de las cosas más difíciles que he experimentado desde que fui diagnosticado con mi trastorno mental es tratar de hacer que otras personas lo comprendan. Es frustrante y a menudo me siento incomprendido y solo.

Algunas personas piensan que es solo una fase, que puedo superarlo fácilmente o que simplemente necesito una actitud más positiva. Pero lo que no entienden es que mi trastorno mental es una enfermedad real, que afecta a mi cerebro y a mi forma de pensar, sentir y comportarme.

He tenido conversaciones incómodas con amigos y familiares que no comprenden mi enfermedad, y que a menudo me dicen cosas como "deberías salir más" o "solo necesitas ser más feliz". Pero no es tan simple como eso, y decir esas cosas solo me hace sentir peor.

A menudo me siento incomprendido y solo, incluso con las personas que más me importan. Pero a medida que aprendí a lidiar con mi trastorno mental y a aceptarlo como una parte de mi vida, también aprendí a hablar más abiertamente sobre él y educar a las personas a mi alrededor.

Es importante recordar que el estigma que rodea a los trastornos mentales todavía existe, pero eso no significa que tengamos que quedarnos en silencio. Hablar sobre nuestra experiencia y educar a las personas a nuestro alrededor es el primer paso para desestigmatizar la salud mental y ayudar a otros a comprender mejor lo que estamos pasando.

"El pesimismo te lleva a la debilidad, el optimismo al poder". - William James

La importancia de mantener una mentalidad optimista, ya que puede conducir a una mayor fortaleza y resistencia frente a los desafíos. Puede recordar a las personas con ciclotimia que la forma en que piensan y perciben su situación puede influir en su capacidad para enfrentar los altibajos emocionales y superar las dificultades.

Capítulo 5 Síntomas de la ciclotimia: episodios depresivos e hipomaníacos.

La ciclotimia es un trastorno del estado de ánimo que se caracteriza por cambios cíclicos de ánimo que son menos graves que los de la bipolaridad. Los síntomas de la ciclotimia incluyen:

- Cambios de ánimo: la persona experimenta episodios de hipomanía y depresión durante al menos dos años, sin que se presenten episodios maníacos o depresivos graves. En la ciclotimia, los cambios de ánimo pueden oscilar entre la hipomanía y la depresión leve o moderada. Durante la fase hipomaníaca, los pacientes pueden sentirse eufóricos, llenos de energía, tener una autoestima exagerada, hablar más de lo habitual, tener pensamientos acelerados y tomar riesgos innecesarios. En la fase depresiva, pueden sentirse tristes, desesperanzados, con baja autoestima, fatigados, con dificultad para conciliar el sueño o para dormir demasiado, y tener dificultad para concentrarse o para disfrutar de actividades que antes les gustaban. Estos cambios de ánimo pueden durar días o incluso semanas antes de que se presenten los cambios opuestos, lo que puede interferir con el funcionamiento diario y las relaciones interpersonales.
  - Hipomanía: los episodios de hipomanía son menos graves que los de la manía y pueden incluir síntomas como una gran cantidad de energía, aumento de la actividad, impulsividad, euforia, aumento de la sociabilidad, disminución de la necesidad de sueño y pensamiento rápido. Pueden tomar decisiones imprudentes, gastar más dinero y ser más propensos a conductas riesgosas. A pesar de que la hipomanía puede ser agradable para el paciente, puede ser perjudicial para su vida social, laboral y familiar.
  - Depresión: La depresión es uno de los polos del trastorno ciclotímico, que se caracteriza por períodos de humor depresivo intercalados con períodos de hipomanía. Durante los episodios depresivos, los pacientes pueden experimentar los siguientes síntomas:
    - Tristeza o vacío persistente.
    - Pérdida de interés o placer en actividades que antes disfrutaban.
    - Cambios en el apetito y en el peso.
    - Alteraciones del sueño, como insomnio o hipersomnia.
    - Fatiga o pérdida de energía.
    - Sentimientos de inutilidad o culpa excesiva o inapropiada.
    - Dificultad para concentrarse o tomar decisiones.
    - Pensamientos recurrentes de muerte o suicidio.

- Inestabilidad emocional: la persona puede experimentar cambios de humor frecuentes, a menudo sin razón aparente. La inestabilidad emocional es una característica central de la ciclotimia y otros trastornos del estado de ánimo. En los pacientes con ciclotimia, la fluctuación del estado de ánimo se caracteriza por cambios leves, pero frecuentes, entre periodos de hipomanía y depresión leve. Estos cambios pueden ocurrir en intervalos de días, semanas o meses, y pueden ser desencadenados por eventos estresantes, cambios en el sueño o en los patrones alimentarios, o por otros factores.

La inestabilidad emocional en la ciclotimia puede manifestarse de diferentes maneras, como cambios de humor repentinos e impredecibles, irritabilidad, ansiedad, impulsividad, falta de concentración y baja autoestima. A menudo, los pacientes pueden sentirse abrumados por la intensidad de sus emociones y pueden tener dificultades para regularlas de manera efectiva. La inestabilidad emocional puede tener un impacto significativo en la vida diaria de los pacientes, incluyendo sus relaciones interpersonales, su rendimiento laboral y su bienestar general. Por lo tanto, es importante que los pacientes con ciclotimia aprendan estrategias efectivas de manejo de emociones para ayudarles a estabilizar su estado de ánimo y mejorar su calidad de vida.

Es importante destacar que los síntomas de la ciclotimia pueden variar de una persona a otra y que es importante buscar ayuda profesional si se sospecha que se tiene este trastorno.

Vivir con ciclotimia es un desafío diario. Me despierto cada mañana sin saber si me sentiré lleno de energía y motivación, o si estaré abrumado por la tristeza y la falta de interés en las cosas que antes disfrutaba.

A veces, mi estado de ánimo cambia drásticamente en cuestión de horas, lo que hace que sea difícil para mí planificar mi día y mantener una rutina consistente. Los cambios de humor extremos pueden afectar mi trabajo y mis relaciones interpersonales, lo que me hace sentir aislado y solo.

Los días en los que estoy en mi estado de ánimo depresivo son particularmente difíciles. Me siento abrumado por la tristeza y la falta de energía, y es difícil encontrar la motivación para hacer cualquier cosa. A menudo, me siento como si estuviera arrastrándome a través del día, y es agotador.

Por otro lado, los días en los que estoy en mi estado de ánimo elevado pueden ser igualmente desafiantes. Me siento lleno de energía y motivación, pero a veces esa energía puede ser abrumadora. Puedo actuar impulsivamente y tomar decisiones imprudentes, lo que a menudo me lleva a arrepentirme más tarde.

Vivir con ciclotimia es una montaña rusa emocional constante. A menudo me siento como si estuviera fuera de control, sin poder predecir cómo me sentiré en cualquier momento dado. Pero he aprendido a aceptar mi trastorno y buscar ayuda cuando la necesito. Con el tiempo, he aprendido a manejar mejor mis cambios de humor y a encontrar formas de vivir una vida plena y feliz, a pesar de mis síntomas.

"La felicidad no es algo hecho. Viene de tus propias acciones." - Dalai Lama

La felicidad no es algo que se pueda obtener de manera pasiva, sino que se debe construir activamente a través de nuestras propias acciones y decisiones. Puede recordar a las personas con ciclotimia que pueden tener un papel activo en su propia felicidad, enfocándose en actividades que les gusten y les brinden un sentido de propósito y realización.

Capítulo 6 La importancia de un diagnóstico temprano: ¿Por qué es importante buscar ayuda?

El diagnóstico temprano del trastorno ciclotímico es muy importante, ya que puede permitir un tratamiento temprano y eficaz que puede mejorar significativamente la calidad de vida del paciente. Un diagnóstico temprano también puede ayudar a evitar complicaciones graves, como episodios depresivos mayores, estos episodios depresivos pueden durar dos semanas o más y se caracterizan por una tristeza profunda, falta de energía, disminución del interés en las actividades habituales, problemas para dormir, falta de apetito, dificultad para concentrarse y pensamientos de suicidio. Los episodios depresivos mayores pueden tener un impacto significativo en la calidad de vida de los pacientes con trastorno ciclotímico y, por lo tanto, es importante que estos episodios sean identificados y tratados adecuadamente, o manía, así como problemas de salud mental y física relacionados con la ciclotimia, como el abuso de sustancias, la ansiedad y el estrés crónico.

Si un paciente con trastorno ciclotímico no es tratado correctamente, su condición puede empeorar y llevar a problemas de salud mental más graves. Algunos de estos problemas pueden incluir:

- Trastorno bipolar: La ciclotimia se considera un trastorno del espectro bipolar y puede evolucionar a un trastorno bipolar si los episodios maníacos o depresivos se vuelven más graves y duraderos.
- Depresión mayor: Si los episodios depresivos en un paciente con ciclotimia se vuelven más intensos y duraderos, pueden convertirse en un episodio depresivo mayor.
- Ansiedad: La ciclotimia puede aumentar el riesgo de desarrollar trastornos de ansiedad, como el trastorno de ansiedad generalizada o el trastorno obsesivo-compulsivo.
- Abuso de sustancias: Las personas con trastornos del estado de ánimo, incluida la ciclotimia, tienen un mayor riesgo de abuso de sustancias, ya que pueden recurrir a drogas o alcohol para aliviar sus síntomas.

Es importante buscar tratamiento temprano para la ciclotimia y cualquier trastorno de salud mental para prevenir complicaciones y mejorar la calidad de vida del paciente.

Además, un diagnóstico temprano también puede ayudar a los pacientes a entender mejor sus síntomas y a encontrar maneras de manejarlos, lo que puede ayudar a prevenir recaídas y episodios graves. Por lo tanto, es importante buscar ayuda médica si se experimentan cambios de humor frecuentes y significativos, especialmente si estos cambios interfieren con la vida diaria.

Durante años, viví con una sensación constante de tristeza y desesperanza. Me sentía cansado y sin motivación para hacer las cosas que antes disfrutaba. A menudo, me preguntaba si había algo mal conmigo, pero nunca busqué ayuda porque pensé que era simplemente parte de mi personalidad.

Finalmente, después de años de luchar en silencio, decidí buscar ayuda profesional. Fue entonces cuando recibí el diagnóstico de depresión clínica. El simple hecho de tener un nombre para lo que estaba experimentando fue un gran alivio. Finalmente, sentí que tenía una explicación y que no estaba solo en esto.

A través del tratamiento, aprendí herramientas para manejar mejor mi depresión y a encontrar formas de recuperar el control de mi vida. Pero siempre me pregunto cómo habría sido si hubiera buscado ayuda antes. Quizás habría sido capaz de evitar algunos de los años de sufrimiento que enfrenté.

Mi experiencia me ha enseñado lo importante que es tener un diagnóstico temprano en caso de trastornos mentales. Si crees que algo está mal, no lo ignores. Busca ayuda. Recibir un diagnóstico temprano puede marcar una gran diferencia en el éxito del tratamiento y en la calidad de vida en general.

"La ciclotimia puede ser un reto, pero recuerda que eres mucho más que tu trastorno. Con apoyo, tratamiento y autocuidado, puedes manejar los altibajos y encontrar un camino hacia una vida plena y satisfactoria".

ChatGPT cuando le pedí una cita motivadora para pacientes con ciclotimia

Capítulo 7 Ciclotimia y su impacto en la vida cotidiana: relaciones, trabajo y otros ámbitos.

La ciclotimia puede tener un gran impacto en la vida cotidiana de quienes la padecen. Debido a los cambios de humor y energía que experimentan los pacientes, pueden tener dificultades para mantener una rutina diaria estable y cumplir con sus responsabilidades laborales, académicas y personales. Además, los síntomas de la ciclotimia pueden afectar las relaciones interpersonales, ya que los cambios de humor y comportamiento pueden resultar confusos o frustrantes para las personas cercanas al paciente.

La ciclotimia puede tener un impacto significativo en las relaciones personales de quienes la padecen. Las fluctuaciones emocionales y los cambios de humor repentinos pueden hacer que las personas con ciclotimia se sientan irritables, frustradas o deprimidas, lo que puede afectar su capacidad para interactuar con los demás. Además, las personas con ciclotimia pueden tener problemas para mantener relaciones a largo plazo, ya que su estado de ánimo puede afectar negativamente su comportamiento y su capacidad para comunicarse de manera efectiva.

Las relaciones íntimas pueden verse especialmente afectadas por la ciclotimia, puesto que los cambios de humor pueden hacer que la persona con ciclotimia se sienta distante o desconectada emocionalmente de su pareja. Además, los períodos de hipomanía pueden llevar a comportamientos impulsivos o arriesgados, lo que puede poner en peligro la relación. En algunos casos, las personas con ciclotimia pueden experimentar cambios frecuentes en su orientación sexual o tener dificultades para mantener relaciones sexuales satisfactorias.

En general, el impacto de la ciclotimia en las relaciones personales puede ser significativo, pero con el tratamiento adecuado, incluyendo terapia y medicación, las personas con ciclotimia pueden aprender a manejar sus síntomas y mejorar su capacidad para mantener relaciones saludables y satisfactorias.

La ciclotimia puede tener un impacto significativo en el ámbito laboral de un individuo. Las personas con ciclotimia pueden experimentar cambios bruscos en su estado de ánimo, lo que puede dificultar la concentración y el rendimiento en el trabajo. También pueden tener dificultades para cumplir con los plazos y para mantener una buena comunicación con los colegas y los supervisores.

La ciclotimia también puede afectar la capacidad de una persona para mantener un trabajo estable. Los cambios frecuentes en el estado de ánimo pueden hacer que una persona se sienta insegura o inestable, lo que puede llevar a un bajo rendimiento o a la pérdida de un trabajo.

Además, el estrés y la presión asociados con el trabajo pueden desencadenar o empeorar los síntomas de la ciclotimia, lo que puede llevar a una disminución en la calidad de vida y una mayor dificultad para mantener un trabajo.

Es importante que las personas con ciclotimia hablen con sus empleadores y busquen apoyo para manejar sus síntomas en el trabajo. La terapia y el tratamiento pueden ayudar a controlar los cambios de humor y a mejorar la capacidad de una persona para funcionar en el trabajo y en la vida cotidiana.

La ciclotimia puede tener un impacto significativo en varios aspectos de la vida diaria, además de las relaciones personales y laborales. Los síntomas fluctuantes pueden dificultar la planificación y el cumplimiento de actividades diarias, como cuidar de uno mismo, hacer ejercicio, cocinar, ir de compras y mantener un horario consistente. La inestabilidad emocional y los cambios de humor pueden dificultar el disfrute de las actividades cotidianas y limitar la capacidad de experimentar alegría y satisfacción.

La ciclotimia también puede tener un impacto en la vida social de una persona, incluyendo su capacidad para participar en actividades sociales y mantener relaciones saludables y significativas. Las personas con ciclotimia pueden tener dificultades para hacer nuevos amigos o mantener relaciones cercanas debido a los cambios de humor y la imprevisibilidad de sus síntomas.

Además, la ciclotimia puede afectar la autoestima y la confianza en uno mismo, lo que puede hacer que las personas se sientan inseguras y menos capaces de manejar situaciones difíciles. También puede ser difícil para las personas con ciclotimia mantener una actitud positiva y mantener la motivación para lograr sus metas a largo plazo.

En general, la ciclotimia puede tener un impacto significativo en muchos aspectos de la vida diaria, y es importante buscar tratamiento y apoyo adecuados para manejar los síntomas y minimizar el impacto en la calidad de vida.

La hipomanía, caracterizada por un aumento de la energía y la creatividad, puede hacer que los pacientes se sientan muy productivos y motivados, pero también pueden llevarlos a tomar riesgos innecesarios y tomar decisiones impulsivas que pueden tener consecuencias negativas. Por otro lado, la depresión asociada con la ciclotimia puede hacer que los pacientes tengan dificultades para disfrutar de actividades que antes les gustaban y para mantenerse motivados para realizar tareas cotidianas.

En general, la ciclotimia puede afectar la calidad de vida de los pacientes y puede ser una fuente de estrés y ansiedad. Es importante buscar tratamiento adecuado y aprender a manejar los síntomas para poder llevar una vida plena y satisfactoria.

Sufrir de trastorno ciclotímico ha sido una experiencia difícil de manejar en mi vida cotidiana.. Este vaivén emocional es agotador y ha afectado mi capacidad para realizar tareas cotidianas de manera consistente.

Mis amigos y familiares pueden encontrar difícil entender lo que estoy pasando, especialmente cuando estoy en un estado de ánimo elevado y lleno de energía. Puedo sentir que me juzgan como exagerado, inestable, emocionalmente o simplemente demasiado impulsivo.

Por otro lado, cuando estoy en un estado de ánimo bajo, tengo dificultades para motivarme a hacer cualquier cosa, incluso las tareas más simples. En estos momentos, me siento abrumado por los sentimientos de tristeza, falta de valor y desesperanza. Estos estados de ánimo me hacen sentir aislado e incapaz de conectarme con los demás.

A pesar de los desafíos que enfrento, estoy aprendiendo a aceptar mi trastorno y buscar ayuda profesional para manejarlo. He encontrado que tener un plan de tratamiento sólido y contar con un sistema de apoyo sólido de amigos y familiares es clave para sobrellevar los desafíos de mi trastorno ciclotímico en mi vida cotidiana.

"La ciclotimia puede ser un obstáculo en tu vida, pero también puede ser una oportunidad para fortalecerte y aprender a manejar tus emociones. No te rindas, sigue luchando y busca ayuda cuando la necesites. Recuerda que eres más fuerte de lo que crees y mereces una vida plena y feliz".

Si tan solo leer esto sirviera de algo...

Capítulo 8 La importancia del apoyo social en el manejo de la ciclotimia.

1. Comunicación abierta: Es importante tener una comunicación abierta con tus amigos, familiares y seres queridos acerca de tus síntomas de ciclotimia. Si los demás saben lo que estás experimentando, pueden ser más comprensivos y proporcionar el apoyo que necesitas. También es importante asegurarte de que los demás entiendan que la ciclotimia es una enfermedad real que requiere tratamiento y apoyo.

La comunicación abierta es muy importante para las personas que padecen ciclotimia, ya que pueden experimentar cambios frecuentes en su estado de ánimo y comportamiento. La comunicación abierta con los seres queridos y los profesionales de la salud mental puede ayudar a las personas con ciclotimia a gestionar mejor sus síntomas y mejorar su calidad de vida.

Aquí hay algunas formas en que la comunicación abierta puede ser beneficiosa para las personas con ciclotimia:

- Ayuda a entender los síntomas: Las personas con ciclotimia pueden tener dificultades para comprender y expresar sus síntomas. Una comunicación abierta con su médico o terapeuta puede ayudarles a comprender mejor sus síntomas y a buscar la ayuda que necesitan.
- Ayuda en la toma de decisiones: La comunicación abierta con los seres queridos puede ayudar a las personas con ciclotimia a tomar decisiones informadas sobre su tratamiento y a establecer metas realistas. Al compartir sus pensamientos y preocupaciones, las personas con ciclotimia pueden obtener apoyo y consejos útiles para abordar sus síntomas.
- Ayuda a prevenir la recaída: La comunicación abierta con el médico o terapeuta puede ayudar a las personas con ciclotimia a prevenir la recaída y a evitar situaciones que puedan desencadenar sus síntomas. Al compartir información sobre sus síntomas, los pacientes pueden trabajar junto con su médico o terapeuta para desarrollar un plan de tratamiento efectivo que se adapte a sus necesidades individuales.

En general, la comunicación abierta y honesta es esencial para ayudar a las personas con ciclotimia a comprender y manejar sus síntomas. Al hablar abiertamente sobre sus sentimientos y pensamientos, las personas con ciclotimia pueden recibir el apoyo y la ayuda que necesitan para mejorar su calidad de vida.

2. Apoyo de grupos de ayuda mutua: Los grupos de ayuda mutua, como la Alianza Nacional de Enfermedades Mentales (NAMI) o la Asociación Internacional de Trastornos Bipolares (ISBD), pueden proporcionar un espacio seguro y de apoyo donde puedes compartir tus experiencias y conectarte con otros que también están lidiando con la ciclotimia.

El apoyo de grupos de ayuda mutua puede ser muy beneficioso para las personas que padecen ciclotimia. Los grupos de ayuda mutua son una forma de apoyo social que reúne a personas que comparten una experiencia común, como la ciclotimia, y trabajan juntas para ayudarse mutuamente.

Aquí hay algunas formas en que el apoyo de grupos de ayuda mutua puede ser beneficioso para las personas con ciclotimia:

- Compartir experiencias y consejos: Los grupos de ayuda mutua brindan a las personas con ciclotimia la oportunidad de compartir sus experiencias con otros que entienden lo que están pasando. Los miembros del grupo también pueden ofrecer consejos útiles sobre cómo manejar los síntomas y compartir estrategias efectivas que han utilizado para enfrentar situaciones similares.
- Ofrecer apoyo emocional: El apoyo emocional es una parte importante del proceso de recuperación para las personas con ciclotimia. Los grupos de ayuda mutua brindan un ambiente seguro y de apoyo en el que las personas pueden compartir sus sentimientos y preocupaciones sin ser juzgados. Esto puede ayudar a aliviar el estrés y la ansiedad y mejorar la autoestima.
- Motivación y responsabilidad: Los grupos de ayuda mutua pueden ayudar a motivar a las personas con ciclotimia a seguir su tratamiento y a tomar medidas para mejorar su calidad de vida. Los miembros del grupo pueden ofrecer apoyo y motivación, así como responsabilidad para ayudar a mantenerse en el camino de la recuperación.

El apoyo de grupos de ayuda mutua puede ser una parte importante del proceso de recuperación para las personas con ciclotimia. Al unirse a un grupo de ayuda mutua, las personas con ciclotimia pueden obtener el apoyo, la motivación y los recursos que necesitan para manejar sus síntomas y mejorar su calidad de vida.

3. Terapia de grupo: La terapia de grupo puede ser una forma efectiva de recibir apoyo y aprender habilidades para manejar los síntomas de la ciclotimia. La terapia de grupo puede proporcionar un ambiente seguro y de apoyo donde puedes compartir tus experiencias y aprender de los demás que también están lidiando con la ciclotimia.

La terapia de grupo puede ser una herramienta valiosa en el tratamiento de la ciclotimia. La terapia de grupo implica reunir a varias personas con ciclotimia en un entorno seguro y de apoyo para trabajar en sus problemas juntos. A continuación se presentan algunas formas en que la terapia de grupo puede ser beneficiosa para las personas con ciclotimia:

- Apoyo social: La terapia de grupo puede proporcionar un ambiente seguro y de apoyo en el que las personas con ciclotimia pueden compartir sus experiencias con otros que entienden lo que están pasando. Los miembros del grupo pueden ofrecer consuelo, aliento y esperanza, lo que puede ayudar a aliviar la sensación de aislamiento y soledad que a menudo acompaña a la ciclotimia.
- Retroalimentación útil: La terapia de grupo puede brindar una oportunidad para que los miembros del grupo se brinden retroalimentación y consejos útiles entre sí. Al observar las experiencias de los demás, los miembros del grupo pueden identificar patrones de pensamiento y comportamiento que también se aplican a sus propias experiencias y así, desarrollar estrategias efectivas para manejar los síntomas.

- Aprendizaje de habilidades sociales: La ciclotimia a menudo se asocia con dificultades para relacionarse con los demás, lo que puede llevar a problemas en el ámbito laboral, social y familiar. La terapia de grupo puede ayudar a los pacientes a mejorar sus habilidades sociales y a desarrollar una red de apoyo más sólida.
- Aumento de la autoestima: La terapia de grupo puede ayudar a mejorar la autoestima de los pacientes, ya que los miembros del grupo pueden ofrecer apoyo y motivación. El hecho de ser parte de un grupo de personas que comparten una experiencia común puede ayudar a los pacientes a sentirse más comprendidos y valorados.

La terapia de grupo puede ser una herramienta valiosa en el tratamiento de la ciclotimia. Al unirse a un grupo de terapia, las personas con ciclotimia pueden obtener el apoyo, la retroalimentación y las habilidades sociales que necesitan para manejar sus síntomas y mejorar su calidad de vida.

4. Redes sociales: Las redes sociales pueden ser una forma útil de conectarse con otros que también están lidiando con la ciclotimia. Hay muchos grupos de Facebook y comunidades en línea que están dedicadas al apoyo de personas con trastornos del estado de ánimo. Sin embargo, es importante recordar que no todas las fuentes de información en línea son confiables, por lo que es importante ser crítico con lo que lees y hablar con un profesional de la salud mental si tienes preguntas o preocupaciones.

Las redes sociales pueden tener tanto efectos positivos como negativos en pacientes con trastorno ciclotímico. Por un lado, pueden proporcionar un sentido de comunidad y conexión con otras personas que también están lidiando con trastornos del estado de ánimo. Además, pueden proporcionar recursos útiles y herramientas de autocuidado para manejar la ciclotimia.

Por otro lado, las redes sociales también pueden ser un lugar donde las personas con trastornos del estado de ánimo se sienten aisladas, comparan su vida con la de los demás y se sienten más deprimidas. Además, algunas personas pueden encontrar que la exposición constante a las noticias y la información negativa en las redes sociales pueden desencadenar episodios de ciclotimia.

Es importante que las personas con ciclotimia sean conscientes de cómo las redes sociales pueden afectar su bienestar emocional y establezcan límites saludables en su uso. Además, pueden considerar unirse a grupos de apoyo en línea para conectarse con otros en un ambiente controlado y seguro.

El apoyo social puede ser una herramienta muy útil para manejar los síntomas de la ciclotimia. Es importante tener una comunicación abierta con tus amigos, familiares y seres queridos, conectarse con grupos de ayuda mutua y considerar la terapia de grupo. También puedes utilizar las redes sociales para conectarte con otros que también están lidiando con la ciclotimia, pero es importante ser crítico con lo que lees en línea y hablar con un profesional de la salud mental si tienes preguntas o preocupaciones.

Cuando recibí mi diagnóstico de trastorno de ansiedad generalizada, sentí una gran sensación de alivio. Finalmente, entendí por qué me sentía tan abrumado y angustiado la mayor parte del tiempo. Sin embargo, también me di cuenta de que iba a necesitar mucho apoyo para enfrentar los desafíos que vendrían con el manejo de mi trastorno.

Tuve mucha suerte de tener amigos y familiares comprensivos que me brindaron su apoyo incondicional. Tener trastornos mentales también te hace pensar mucho en si realmente las personas te entienden o solo fingen hacerlo. Al principio, me resultó difícil hablar de mi trastorno con ellos, porque no quería que pensaran que era débil o inestable. Pero pronto me di cuenta de que ocultar mis sentimientos solo empeoraría mi situación.

Comencé a abrirme con mis seres queridos sobre mis pensamientos y sentimientos, y me sorprendió los comprensivos y solidarios que fueron. Escuchaban sin juzgar y me ofrecían su ayuda siempre que lo necesitaba. También me alentaban a buscar ayuda profesional y me acompañaban a mis citas con el terapeuta.

Incluso cuando estaba en medio de un ataque de ansiedad, sabía que podía contar con mi red de apoyo para ayudarme a sobrellevar la situación. Su amor y comprensión me ayudaron a sentirme más seguro y confiado en mi capacidad para manejar mi trastorno.

Aprendí que el apoyo social es crucial cuando se trata de manejar un trastorno mental. Tener a alguien en quien confiar, que te escuche sin juzgar y que te brinde su apoyo puede marcar una gran diferencia en tu proceso de recuperación.

"Todo lo que siempre has querido está al otro lado del miedo." - George Addair

Esta cita nos recuerda que a menudo nuestros mayores temores son lo que nos impiden alcanzar nuestros sueños y objetivos. Para personas con ciclotimia, puede ser especialmente difícil superar el miedo y la ansiedad que a menudo acompañan a la condición. Pero esta cita puede recordarles que, aunque puede ser difícil, enfrentar y superar el miedo es la clave para alcanzar lo que realmente desean.

Capítulo 9 Cuidar de uno mismo y practicar el autocuidado para manejar los síntomas de la ciclotimia.

La ciclotimia es un trastorno del estado de ánimo que puede presentar altibajos emocionales y cambios en el comportamiento que pueden interferir significativamente en la vida cotidiana de las personas que lo padecen. Por esta razón, es importante que aquellos que luchan contra la ciclotimia aprendan a cuidarse a sí mismos y practiquen el autocuidado como una forma de manejar los síntomas y mejorar su bienestar emocional.

El autocuidado puede incluir una variedad de prácticas y hábitos saludables, desde la adopción de una dieta saludable y la realización de ejercicio regularmente, hasta la práctica de técnicas de relajación y meditación. Además, es importante establecer una rutina y seguir un horario regular para el sueño y las actividades diarias.

Al practicar el autocuidado, las personas con ciclotimia pueden mejorar su calidad de vida, reducir el estrés y prevenir la aparición de episodios emocionales intensos. Además, el autocuidado puede ayudar a mejorar la autoestima y la confianza, lo que puede ser especialmente importante para aquellos que luchan contra la ciclotimia y otros trastornos del estado de ánimo.

1. Dormir bien: El sueño es esencial para el bienestar físico y mental, y la falta de sueño puede empeorar los síntomas de la ciclotimia. Es importante establecer una rutina regular de sueño y dormir lo suficiente para sentirse descansado.

   El sueño juega un papel importante en la regulación de los estados de ánimo y en la prevención de la aparición de episodios emocionales intensos en personas con ciclotimia. Es por eso que dormir bien y establecer una rutina regular de sueño es un aspecto crucial en el manejo y tratamiento de la ciclotimia.

   La falta de sueño o el sueño irregular puede desencadenar síntomas de ciclotimia, como la irritabilidad, la ansiedad y la depresión. Además, la privación del sueño puede afectar negativamente la capacidad del cuerpo para regular el estrés, lo que puede aumentar la probabilidad de experimentar episodios emocionales intensos.

   Por otro lado, dormir lo suficiente y mantener una rutina regular de sueño puede ayudar a reducir el estrés y mejorar la estabilidad emocional en personas con ciclotimia. Dormir bien también puede mejorar la concentración y la memoria, lo que puede ser especialmente útil para aquellos que luchan contra los síntomas de la ciclotimia.

2. Alimentación saludable: Una alimentación saludable puede ayudar a mejorar el estado de ánimo y reducir los síntomas de la ciclotimia. Es importante comer una dieta equilibrada y variada, que incluya frutas, verduras, proteínas magras y carbohidratos complejos.

   La alimentación saludable puede tener un impacto significativo en el manejo y tratamiento de la ciclotimia. Una dieta equilibrada y saludable puede proporcionar al cuerpo los nutrientes necesarios para regular el estado de ánimo y mantener la estabilidad emocional.

Algunos estudios sugieren que ciertos nutrientes, como los ácidos grasos omega-3 y las vitaminas B, pueden ser beneficiosos para las personas con ciclotimia. Los ácidos grasos omega-3, por ejemplo, se encuentran en pescados grasos, nueces y semillas, y se ha demostrado que tienen efectos antiinflamatorios y reguladores del estado de ánimo. Las vitaminas B se encuentran en una variedad de alimentos, como verduras de hojas verdes, carnes magras y legumbres, y están involucradas en la producción de serotonina, un neurotransmisor que ayuda a regular el estado de ánimo.

Además, una dieta saludable puede ayudar a regular los niveles de azúcar en la sangre y prevenir los cambios drásticos en el estado de ánimo que pueden ocurrir cuando los niveles de azúcar en la sangre fluctúan. También puede mejorar la salud física y reducir el estrés en general.

3. Ejercicio físico: El ejercicio físico regular puede ayudar a reducir los síntomas de la ciclotimia al liberar endorfinas y mejorar el estado de ánimo. Es importante encontrar una actividad física que disfrutes y hacer ejercicio de forma regular.

El ejercicio físico puede ser una herramienta útil para ayudar a manejar los síntomas del trastorno ciclotímico. Además de los beneficios físicos que se obtienen del ejercicio, como la mejora de la salud cardiovascular y la reducción del riesgo de enfermedades crónicas, también se ha demostrado que el ejercicio tiene un impacto positivo en la salud mental.

El ejercicio puede aumentar la producción de endorfinas, que son sustancias químicas en el cerebro que se relacionan con la sensación de bienestar y reducción del estrés. También puede ayudar a reducir la ansiedad y la depresión al mejorar la autoestima y la confianza en uno mismo.

Para las personas con trastorno ciclotímico, se recomienda hacer ejercicio de forma regular, pero evitando el exceso de ejercicio y la obsesión por el rendimiento, ya que esto podría desencadenar un episodio maníaco. Es importante hablar con un profesional de la salud antes de comenzar cualquier programa de ejercicio para asegurarse de que sea seguro y apropiado para su situación individual.

4. Reducción del estrés: El estrés puede empeorar los síntomas de la ciclotimia. Es importante aprender técnicas de relajación, como la meditación, la respiración profunda o el yoga, para reducir el estrés y mejorar el bienestar emocional.

La reducción del estrés puede ser de gran ayuda para las personas con trastorno ciclotímico, ya que el estrés puede desencadenar episodios de depresión o de manía. Las personas con trastorno ciclotímico suelen ser más sensibles al estrés que la población general, y pueden tener más dificultades para manejarlo.

Existen diversas técnicas que pueden ayudar a reducir el estrés, como la meditación, el yoga, la relajación muscular progresiva, la respiración profunda, el mindfulness, entre otras. Estas técnicas pueden ayudar a reducir la activación del sistema nervioso simpático, responsable de la respuesta de estrés, y aumentar la actividad del sistema nervioso parasimpático, responsable de la relajación y la recuperación.

Además, otras estrategias para reducir el estrés incluyen el establecimiento de límites saludables en las relaciones interpersonales, la práctica de técnicas de resolución de problemas, la organización y la planificación efectiva del tiempo, la eliminación de fuentes de estrés innecesarias, y la adopción de un enfoque positivo y realista en la vida.

La reducción del estrés puede ayudar a prevenir o minimizar los episodios de ciclotimia, así como mejorar la calidad de vida en general. Es importante trabajar con un profesional de la salud mental para encontrar las estrategias de manejo de estrés adecuadas para cada persona y situación.

5. Evitar sustancias tóxicas: El consumo de sustancias tóxicas, como el alcohol y las drogas ilegales, puede empeorar los síntomas de la ciclotimia y interferir con el tratamiento. Es importante evitar el consumo de estas sustancias y hablar con un profesional de la salud mental si tienes problemas de adicción.

Evitar sustancias tóxicas puede ayudar en el tratamiento de la ciclotimia debido a que estas sustancias pueden afectar negativamente el equilibrio químico del cerebro y aumentar la frecuencia y gravedad de los episodios de ánimo en la ciclotimia. Las sustancias tóxicas incluyen el alcohol, drogas ilegales y tabaco, así como también algunos medicamentos que pueden exacerbar los síntomas de la ciclotimia. Por lo tanto, es importante que los pacientes con ciclotimia eviten el uso de estas sustancias y trabajen con su médico para evaluar cualquier medicamento que puedan estar tomando para asegurarse de que no estén afectando negativamente su estado de ánimo. Mantener un estilo de vida saludable y evitar las sustancias tóxicas puede ser beneficioso para controlar los síntomas de la ciclotimia y mejorar la calidad de vida de los pacientes.

El autocuidado es una parte importante del manejo de la ciclotimia. Es importante dormir bien, comer una dieta saludable, hacer ejercicio regularmente, reducir el estrés y evitar sustancias tóxicas. Al cuidar de uno mismo y practicar el autocuidado, es posible mejorar la calidad de vida y reducir los síntomas de la ciclotimia.

Vivir con ciclotimia puede ser un desafío, pero hay muchas cosas que puedes hacer para manejar tus síntomas y llevar una vida plena y saludable. Aquí hay algunos consejos para ayudarte a vivir con la ciclotimia:

1. Aprende a reconocer tus patrones de pensamiento y comportamiento: La ciclotimia se caracteriza por cambios frecuentes en el estado de ánimo, por lo que es importante que aprendas a reconocer tus patrones de pensamiento y comportamiento. Lleva un diario de tus emociones y observa cómo cambian a lo largo del tiempo. Esto te ayudará a anticipar y manejar los cambios en tu estado de ánimo.

Reconocer tus patrones de pensamiento y comportamiento puede ser una herramienta útil para manejar los síntomas de la ciclotimia. Esto implica aprender a identificar las señales de que un episodio de hipomanía o depresión se está acercando y tomar medidas para prevenirlo o tratarlo de manera efectiva.

En la ciclotimia, los patrones de pensamiento y comportamiento pueden cambiar drásticamente según el estado de ánimo en el que se encuentre la persona. Algunas de las señales que pueden indicar la proximidad de un episodio incluyen:

- Cambios repentinos en el estado de ánimo y la energía
- Dificultades para dormir o dormir demasiado
- Aumento o disminución del apetito
- Sentimientos de tristeza, irritabilidad o ansiedad
- Cambios en los patrones de pensamiento, como sentirse más impulsivo o tener ideas grandiosas

Es importante aprender a identificar estos patrones de pensamiento y comportamiento para poder tomar medidas preventivas, como hacer cambios en el estilo de vida o buscar tratamiento temprano.

Una manera de hacer esto es llevar un diario de los cambios en el estado de ánimo y los patrones de pensamiento y comportamiento a lo largo del tiempo. Esto puede ayudar a detectar patrones y señales tempranas de un episodio de hipomanía o depresión.

Además, las terapias psicológicas como la terapia cognitivo-conductual pueden ayudar a las personas con ciclotimia a identificar y cambiar los patrones de pensamiento y comportamiento que pueden estar contribuyendo a los síntomas. La terapia también puede ayudar a las personas a desarrollar estrategias para manejar mejor sus emociones y prevenir episodios de hipomanía o depresión.

2. Encuentra apoyo: La ciclotimia puede ser una enfermedad solitaria, pero es importante que encuentres apoyo. Busca un terapeuta con experiencia en el tratamiento de la ciclotimia y considera unirte a un grupo de apoyo para personas con trastornos del estado de ánimo.

En España, existen diferentes recursos que pueden proporcionar apoyo y tratamiento para la ciclotimia. Algunas opciones son:

- Consulta con un profesional de la salud mental: Un psiquiatra o un psicólogo pueden ayudar a diagnosticar y tratar la ciclotimia. También pueden proporcionar apoyo emocional y estrategias de afrontamiento para manejar los síntomas.
- Asociaciones de pacientes: Hay varias asociaciones de pacientes en España que se enfocan en trastornos del estado de ánimo, como la ciclotimia. Estas organizaciones pueden proporcionar información, recursos y apoyo a las personas afectadas por la condición y sus familiares.
- Grupos de apoyo: Los grupos de apoyo pueden proporcionar un espacio seguro y de apoyo emocional para las personas que viven con ciclotimia. Estos grupos pueden ser presenciales o en línea y pueden ser organizados por profesionales de la salud mental o asociaciones de pacientes.

- Recursos en línea: En línea, hay muchos recursos disponibles, como foros de discusión, sitios web con información sobre el trastorno, aplicaciones para el seguimiento de síntomas y recursos de autoayuda.

Es importante tener en cuenta que buscar apoyo y tratamiento para la ciclotimia puede ser un proceso individualizado y puede requerir un enfoque multidisciplinario. Es recomendable hablar con un profesional de la salud mental para recibir una evaluación y un plan de tratamiento personalizado.

3. Establece una rutina: Mantener una rutina regular puede ser útil para manejar los síntomas de la ciclotimia. Intenta ir a dormir y levantarte a la misma hora todos los días y haz ejercicio regularmente. Mantener una rutina también puede ayudarte a sentirte más seguro y preparado para manejar los cambios en tu estado de ánimo.

Establecer una rutina puede ser muy útil para las personas que viven con ciclotimia. La ciclotimia a menudo se caracteriza por cambios de humor impredecibles y ciclos de energía y motivación variables, lo que puede dificultar la planificación y el mantenimiento de una rutina diaria.

A pesar de estos desafíos, mantener una rutina regular puede ser beneficioso para ayudar a manejar los síntomas y mejorar la calidad de vida. Algunos consejos para establecer una rutina en casos de ciclotimia incluyen:

- Establecer horarios regulares para comer, dormir y hacer ejercicio: La alimentación saludable, el sueño adecuado y la actividad física regular son fundamentales para mantener una buena salud física y mental. Establecer horarios regulares para estas actividades puede ayudar a mantener una rutina diaria consistente.
- Planificar el día con anticipación: Hacer una lista de tareas diarias y establecer metas realistas puede ayudar a mantener un sentido de propósito y estructura. Es importante recordar que es normal tener altibajos en la energía y la motivación, por lo que es importante ser amable y compasivo con uno mismo al establecer metas y expectativas.
- Tomar descansos regulares: Descansar y relajarse también son importantes para el bienestar mental y pueden ayudar a prevenir la fatiga y el agotamiento. Incluir momentos de relajación, como meditación o yoga, en la rutina diaria puede ser beneficioso.
- Buscar apoyo social: Mantener conexiones sociales y buscar apoyo de amigos y familiares también es importante para el bienestar mental. Programar tiempo para conectarse con los demás y hacer actividades sociales puede ayudar a prevenir la soledad y el aislamiento.

Establecer una rutina puede ser un proceso individualizado y puede requerir ajustes y adaptaciones a medida que cambian los síntomas y las necesidades. Es recomendable trabajar con un profesional de la salud mental para desarrollar un plan de tratamiento personalizado que incluya estrategias para mantener una rutina diaria saludable.

4. Practica la autocompasión: La ciclotimia puede ser una enfermedad debilitante, y es fácil culparte a ti mismo por tus síntomas. Practica la autocompasión y recuerda que la ciclotimia no es tu culpa. Trata de ser amable contigo mismo y busca formas de cuidarte a ti mismo durante los momentos difíciles.

La autocompasión es una habilidad emocional importante que puede ser útil para las personas que viven con ciclotimia. La ciclotimia a menudo se caracteriza por cambios de humor impredecibles y ciclos de energía y motivación variables, lo que puede llevar a sentimientos de frustración, culpa y vergüenza.

La autocompasión se refiere a la capacidad de ser amable y compasivo con uno mismo, en lugar de ser crítico y autocrítico. Algunas formas en que la autocompasión puede ser útil para las personas que viven con ciclotimia incluyen:

- Reducción de la autocrítica: Las personas con ciclotimia pueden ser muy críticas consigo mismas cuando sus síntomas interfieren con su capacidad para funcionar. La autocompasión puede ayudar a reducir la autocrítica y fomentar sentimientos de autoaceptación y auto-comprensión.
- Manejo de emociones difíciles: La autocompasión puede ser una herramienta útil para manejar las emociones difíciles, como la frustración, la ira o la tristeza, que a menudo se experimentan durante los ciclos de la ciclotimia. La autocompasión puede ayudar a las personas a reconocer y validar sus sentimientos sin juzgarse a sí mismos.
- Aumento de la resiliencia: La autocompasión puede ayudar a aumentar la resiliencia y la capacidad de recuperación de las personas con ciclotimia. Al ser amable y compasivo consigo mismo, las personas pueden sentirse más capaces de hacer frente a los desafíos y dificultades que se presentan en la vida.

Algunas estrategias para cultivar la autocompasión incluyen hablar con uno mismo con amabilidad, practicar la meditación de la bondad amorosa y hacer una lista de las fortalezas y logros personales. También puede ser útil trabajar con un terapeuta que pueda ayudar a las personas a desarrollar habilidades de autocompasión y fomentar la resiliencia en casos de ciclotimia.

5. Sé paciente: El tratamiento de la ciclotimia puede ser un proceso de prueba y error, y puede llevar tiempo encontrar el tratamiento adecuado. Sé paciente contigo mismo y recuerda que puedes aprender a manejar tus síntomas con el tiempo y la práctica.

La paciencia es una habilidad importante para desarrollar en casos de ciclotimia. La ciclotimia se caracteriza por cambios de humor impredecibles y ciclos de energía y motivación variables, lo que puede resultar en frustración, desánimo y desesperación. Aprender a ser paciente puede ser útil para lidiar con los altibajos emocionales de la ciclotimia.

Algunas estrategias para cultivar la paciencia en casos de ciclotimia incluyen:

- Reconocer los ciclos: Aprender a reconocer los patrones de la ciclotimia puede ayudar a las personas a anticipar los cambios de humor y a prepararse para ellos.
- Practicar la atención plena: La atención plena puede ayudar a las personas a aceptar los cambios de humor y a ser pacientes consigo mismas. La atención plena implica prestar atención al momento presente sin juzgarlo, lo que puede ser útil para evitar la rumiación y la autocrítica.
- Establecer metas realistas: Establecer metas realistas y manejables puede ayudar a las personas a evitar la frustración y la desesperación que pueden surgir cuando las metas son demasiado ambiciosas.
- Tomarse el tiempo necesario: A veces, las personas con ciclotimia necesitan tomarse el tiempo necesario para realizar tareas o completar proyectos. Es importante ser paciente consigo mismo y reconocer que puede tomar más tiempo de lo esperado completar ciertas tareas.
- Buscar apoyo: Contar con el apoyo de amigos, familiares o un profesional de la salud mental puede ser útil para fomentar la paciencia y la resiliencia en casos de ciclotimia.

Cultivar la paciencia en casos de ciclotimia puede ser un proceso gradual. Es importante ser amable y compasivo consigo mismo y recordar que la ciclotimia es una condición médica que requiere tiempo, paciencia y tratamiento adecuado para manejarla de manera efectiva.

En resumen, vivir con la ciclotimia puede ser un desafío, pero hay muchas cosas que puedes hacer para manejar tus síntomas y llevar una vida plena y saludable. Encuentra apoyo, establece una rutina y practica la autocompasión. Con el tiempo y la práctica, puedes aprender a manejar tus síntomas y vivir una vida plena y satisfactoria.

Desde que recibí mi diagnóstico de trastorno, he luchado por mantener una rutina de autocuidado regular. A veces, simplemente no tengo la energía o la motivación para hacer las cosas que sé que me harán sentir mejor.

A menudo, me cuesta levantarme de la cama y empezar el día. Me siento abrumado por las tareas cotidianas, como bañarme y vestirme. A veces me salto comidas o como comida chatarra en lugar de preparar una comida saludable, lo cual empeora mi estado de ánimo.

Sé que hacer ejercicio y practicar técnicas de relajación podría ayudarme a reducir mi ansiedad y mejorar mi estado de ánimo, pero a menudo me siento demasiado cansado para hacerlo. En lugar de eso, me paso horas viendo televisión o navegando en línea, lo cual solo me hace sentir peor.

Incluso las tareas más simples, como cuidar mi higiene personal, pueden parecer abrumadoras en los días más difíciles. Me siento atrapado en un ciclo de falta de motivación y culpa por no hacer lo que sé que debería.

A veces, me siento como si estuviera en una carrera constante para cuidarme a mí mismo, y es una carrera que a menudo pierdo. Pero estoy trabajando en encontrar pequeñas maneras de cuidarme a mí mismo cada día, incluso si es solo tomar una ducha o salir a caminar por unos minutos. Aceptar que el autocuidado es un proceso y no un objetivo final me ayuda a sentir menos abrumado y más motivado a seguir adelante.

"No te rindas, cada fracaso es una oportunidad para comenzar de nuevo con más experiencia." - Henry Ford

No debemos dejarnos vencer por los fracasos o dificultades que encontremos en la vida. En lugar de eso, debemos tomarlos como una oportunidad para aprender y crecer, y usar esa experiencia para seguir adelante y lograr nuestras metas. Para las personas con ciclotimia, esto puede ser especialmente relevante, ya que pueden encontrar que los altibajos emocionales les dificultan seguir adelante en momentos de fracaso o dificultad. Pero esta cita puede recordarles que cada obstáculo puede ser una oportunidad para crecer y superarse a sí mismos.

Capítulo 10 Importancia de la terapia y otros tratamientos para el manejo de la ciclotimia.

1. Terapia: La terapia es un tratamiento efectivo para la ciclotimia y puede ayudar a las personas a identificar patrones de pensamiento y comportamiento que contribuyen a los síntomas de la ciclotimia. Las terapias que pueden ser útiles incluyen la terapia cognitivo-conductual, la terapia interpersonal y la terapia psicodinámica.
2. Medicación: Los medicamentos pueden ser útiles para el manejo de la ciclotimia. Los estabilizadores del estado de ánimo, como el litio y el valproato, pueden ser efectivos para prevenir episodios de depresión y manía. Los antidepresivos pueden ser útiles

para tratar los síntomas depresivos, pero deben usarse con precaución para evitar la inducción de un episodio maníaco.

3. Tratamientos complementarios: Los tratamientos complementarios, como la acupuntura, la terapia ocupacional y la fisioterapia, pueden ser útiles para reducir los síntomas de la ciclotimia y mejorar el bienestar general. Es importante hablar con un profesional de la salud mental para determinar qué tratamientos complementarios pueden ser útiles en su caso.

4. Grupos de apoyo: Los grupos de apoyo pueden ser una fuente valiosa de apoyo emocional y práctico para las personas con ciclotimia. Los grupos de apoyo pueden ayudar a las personas a sentirse menos aisladas y a aprender estrategias de manejo efectivas de otras personas que viven con la ciclotimia.

La terapia y otros tratamientos pueden ser muy útiles para el manejo de la ciclotimia. La terapia puede ayudar a las personas a identificar patrones de pensamiento y comportamiento que contribuyen a los síntomas de la ciclotimia, mientras que los medicamentos y los tratamientos complementarios pueden ser útiles para reducir los síntomas. Los grupos de apoyo también pueden ser una fuente valiosa de apoyo emocional y práctico para las personas con ciclotimia.

Existen una gran cantidad de métodos de terapias distintos que se pueden intentar:

1. Terapia psicológica: La terapia puede ayudarte a desarrollar habilidades para manejar tus emociones y mejorar tus relaciones interpersonales. La terapia cognitivo-conductual (TCC) y la terapia interpersonal son dos enfoques que se han utilizado con éxito en el tratamiento de la ciclotimia.

   - Terapia cognitivo-conductual (TCC): la TCC es una terapia basada en la evidencia que se enfoca en cambiar los patrones de pensamiento y comportamiento disfuncionales que pueden contribuir a los síntomas del trastorno ciclotímico. La TCC puede ayudar a los pacientes a identificar y cambiar los patrones de pensamiento negativos y distorsionados que pueden estar contribuyendo a los síntomas del trastorno ciclotímico. A continuación, se describen algunas de las técnicas de TCC que se pueden usar para tratar la ciclotimia:
       - Terapia de reestructuración cognitiva: Esta técnica implica identificar pensamientos negativos o distorsionados y reemplazarlos con pensamientos más realistas y positivos. Por ejemplo, si una persona con ciclotimia está experimentando una baja autoestima durante una fase depresiva, el terapeuta puede ayudar a la persona a identificar pensamientos negativos sobre sí misma y reemplazarlos con pensamientos más realistas y positivos.
       - Terapia conductual: La terapia conductual se enfoca en cambiar comportamientos problemáticos. Por ejemplo, si una persona con ciclotimia experimenta impulsos excesivos durante una fase maníaca, el terapeuta puede

trabajar con la persona para identificar estrategias de control de impulsos.

- Manejo de estrés: El manejo del estrés es un componente importante de la TCC para la ciclotimia, ya que el estrés puede desencadenar cambios de humor en personas con esta condición. Los terapeutas pueden enseñar técnicas de relajación, como la respiración profunda y la meditación, para ayudar a las personas a manejar el estrés.
- Educación sobre la ciclotimia: La educación sobre la ciclotimia y sus síntomas es una parte importante de la TCC. Los terapeutas pueden ayudar a las personas a comprender mejor su condición y proporcionar información sobre cómo manejar los síntomas.

La TCC puede ser una herramienta efectiva para el tratamiento de la ciclotimia. Los terapeutas pueden adaptar la terapia a las necesidades específicas de cada persona y trabajar en colaboración con el paciente para ayudar a mejorar su calidad de vida y reducir los síntomas de la ciclotimia.

- Terapia interpersonal (TIP): la TIP se enfoca en mejorar la calidad de las relaciones interpersonales y en ayudar a los pacientes a desarrollar habilidades de comunicación más efectivas. La TIP puede ser especialmente útil para las personas con ciclotimia que experimentan problemas interpersonales como resultado de sus síntomas.

La terapia interpersonal (TIP) es otra forma de psicoterapia que se ha utilizado para tratar la ciclotimia. La TIP se enfoca en mejorar las relaciones interpersonales de una persona para ayudar a aliviar los síntomas emocionales y psicológicos asociados con la ciclotimia. A continuación, se describen algunas de las técnicas utilizadas en la TIP para tratar la ciclotimia:

- Identificación de problemas interpersonales: El terapeuta ayuda al paciente a identificar los problemas interpersonales que están causando estrés o dificultades emocionales. Estos problemas pueden incluir conflictos en relaciones cercanas, cambios en roles y responsabilidades, o cambios en la dinámica de la familia o el trabajo.
- Desarrollo de habilidades interpersonales: El terapeuta puede trabajar con el paciente para desarrollar habilidades interpersonales, como la comunicación efectiva y la resolución de conflictos. Esto puede ayudar a la persona a mejorar sus relaciones y reducir el estrés asociado con los problemas interpersonales.

- Fomento de la autoestima y la autoeficacia: El terapeuta puede ayudar al paciente a mejorar su autoestima y autoeficacia, lo que puede ayudar a reducir la ansiedad y la depresión asociadas con la ciclotimia. Esto se logra mediante la identificación y el refuerzo de los logros y fortalezas del paciente.
- Trabajo en red: La TIP también puede involucrar a la red de apoyo del paciente, como familiares o amigos cercanos. El terapeuta puede trabajar con el paciente para fortalecer estas relaciones y fomentar una mayor comprensión y apoyo.

La TIP puede ser una herramienta efectiva para tratar la ciclotimia, especialmente para personas que experimentan problemas interpersonales y de relación. Al trabajar en la mejora de las habilidades interpersonales y la comunicación, los pacientes pueden sentirse más conectados y apoyados, lo que puede ayudar a reducir el estrés y la ansiedad asociados con la ciclotimia.

- Terapia de ritmo social (TRS): la TRS se enfoca en regular los patrones de sueño y vigilia de los pacientes y en mejorar su calidad de vida. La TRS puede ser especialmente útil para las personas con ciclotimia que experimentan problemas de sueño y ritmos circadianos alterados.

- Terapia de aceptación y compromiso (TAC): la TAC se enfoca en ayudar a los pacientes a aceptar y comprometerse con sus experiencias emocionales y psicológicas, en lugar de tratar de evitarlas o suprimirlas. La TAC puede ayudar a los pacientes a lidiar con los altibajos emocionales asociados con la ciclotimia y a desarrollar una mayor resiliencia emocional.

- Terapia psicodinámica: La terapia psicodinámica se centra en la exploración de los procesos inconscientes que pueden estar contribuyendo a los síntomas de la ciclotimia. Un terapeuta de terapia psicodinámica puede ayudarte a explorar tus pensamientos y sentimientos más profundos y a trabajar contigo para desarrollar una mayor conciencia de los procesos mentales que pueden estar contribuyendo a tus síntomas.

La terapia psicodinámica es una forma de psicoterapia que se ha utilizado para tratar la ciclotimia. Esta terapia se basa en la teoría psicoanalítica de que los síntomas emocionales y psicológicos se derivan de conflictos internos no resueltos. En la terapia psicodinámica, el terapeuta ayuda al paciente a explorar y comprender sus emociones y pensamientos inconscientes, con el objetivo de identificar y resolver estos conflictos internos.

A continuación, se describen algunas de las técnicas utilizadas en la terapia psicodinámica para tratar la ciclotimia:

- Exploración de los conflictos internos: El terapeuta ayuda al paciente a explorar los conflictos internos que están contribuyendo a sus síntomas ciclotímicos. Esto puede implicar la identificación de patrones emocionales y de comportamiento que se repiten en diferentes situaciones de la vida del paciente.
- Identificación de patrones de relación: La terapia psicodinámica también puede ayudar al paciente a identificar patrones de relación que pueden estar contribuyendo a su ciclotimia. Esto puede incluir patrones de evitación o dependencia en las relaciones.
- Análisis de sueños: En la terapia psicodinámica, el análisis de sueños puede ser utilizado como una herramienta para ayudar al paciente a explorar y comprender sus emociones y pensamientos inconscientes.
- Interpretación: El terapeuta puede proporcionar interpretaciones para ayudar al paciente a comprender los motivos inconscientes detrás de sus pensamientos y comportamientos.

La terapia psicodinámica puede ser una herramienta efectiva para tratar la ciclotimia, especialmente para personas que pueden tener conflictos internos no resueltos que contribuyen a sus síntomas. Al explorar y comprender estos conflictos, los pacientes pueden aprender a manejar mejor sus emociones y pensamientos, lo que puede ayudar a reducir los síntomas de ciclotimia.

Es importante destacar que la terapia psicológica debe ser adaptada a las necesidades individuales de cada paciente, y que puede ser más efectiva cuando se combina con medicación y otros tratamientos complementarios. Por lo tanto, es importante buscar ayuda de un profesional de la salud mental capacitado para recibir un tratamiento integral y efectivo para la ciclotimia.

2. Medicamentos: Los medicamentos pueden ayudar a estabilizar el estado de ánimo y reducir los síntomas de la ciclotimia.

Los estabilizadores del estado de ánimo, como el litio y el valproato, son opciones comunes de tratamiento para la ciclotimia. Los antidepresivos también pueden ser útiles en algunos casos, pero se deben usar con precaución debido al riesgo de provocar un episodio hipomaníaco.

Los medicamentos pueden ser una opción efectiva para el tratamiento de la ciclotimia. Los medicamentos que se utilizan con mayor frecuencia para el tratamiento de la ciclotimia son los estabilizadores del estado de ánimo, como el litio, el valproato y la lamotrigina.

Estos medicamentos pueden ayudar a regular los cambios de humor asociados con la ciclotimia y prevenir los episodios de hipomanía y depresión. El litio, en particular, es el estabilizador del estado de ánimo que se ha utilizado por más tiempo y se ha demostrado su efectividad en la prevención de episodios de manía y depresión en personas con ciclotimia.

Además de los estabilizadores del estado de ánimo, los antidepresivos también se pueden usar en el tratamiento de la ciclotimia, pero deben usarse con precaución debido a que pueden desencadenar episodios de hipomanía o manía en algunos pacientes.

Es importante tener en cuenta que los medicamentos no son una cura para la ciclotimia y que pueden tener efectos secundarios. Es importante trabajar con un profesional de la salud mental capacitado para determinar el mejor tratamiento para cada paciente y ajustar la dosis y el tipo de medicación según sea necesario.

También es importante que los pacientes que toman medicamentos para la ciclotimia se sometan a controles regulares para monitorear su efectividad y detectar cualquier efecto secundario. Es fundamental seguir las recomendaciones del médico, tomar los medicamentos según las indicaciones y no suspender su uso sin consultar con un profesional de la salud mental primero.

3. Cambios en el estilo de vida: Hacer cambios en tu estilo de vida puede ser útil para manejar los síntomas de la ciclotimia. Algunas estrategias que pueden ayudar incluyen:

- Dormir lo suficiente y mantener un horario de sueño regular
- Evitar el consumo de alcohol y drogas.
- Ejercitarte regularmente.
- Comer una dieta equilibrada y saludable.
- Practicar técnicas de relajación, como la meditación o el yoga.

Es importante recordar que el tratamiento de la ciclotimia puede ser un proceso de prueba y error, y que lo que funciona para una persona puede no funcionar para otra. Trabajar con un profesional de la salud mental puede ayudarte a encontrar el tratamiento adecuado para ti.

Si tienes pensamientos suicidas o sientes que no puedes controlar tus pensamientos o comportamientos, es importante buscar ayuda médica inmediata. La ciclotimia puede ser una enfermedad debilitante, pero con el tratamiento adecuado, puedes aprender a manejar tus síntomas y llevar una vida saludable y plena.

Durante años, he estado lidiando con una ansiedad y depresión que han afectado mi vida en diferentes formas. Al principio, intenté lidiar con estos problemas por mi cuenta, pero me di cuenta de que no podía hacerlo sin ayuda.

Empecé a buscar terapia, lo cual no fue fácil. Me llevó un tiempo encontrar un terapeuta que fuera adecuado para mí y que pudiera entender mis necesidades. Pero cuando finalmente encontré a alguien con quien me sentí cómodo, mi vida empezó a cambiar.

La terapia me ha brindado un espacio seguro donde puedo hablar sobre mis preocupaciones y miedos sin sentirme juzgado. Mi terapeuta me ha enseñado técnicas para lidiar con la ansiedad y la depresión, y me ha dado herramientas para superar las dificultades que he enfrentado.

A veces, la terapia puede ser difícil. Hay momentos en que tengo que enfrentar cosas incómodas o dolorosas sobre mí mismo. Pero a medida que he avanzado en mi tratamiento, he aprendido a ser más amable y compasivo conmigo mismo.

La terapia no es una cura milagrosa, pero ha sido un componente fundamental en mi proceso de recuperación. Me ha enseñado habilidades que puedo utilizar para toda la vida, y ha ayudado a mejorar mi calidad de vida y mis relaciones con los demás. No puedo imaginar haber superado mis problemas sin la ayuda de la terapia.

"Si puedes soñarlo, puedes lograrlo." - Zig Ziglar

Esta cita es un recordatorio de que nuestros sueños y objetivos son alcanzables si trabajamos duro y nos esforzamos por ellos. A veces, las personas con ciclotimia pueden sentir que sus altibajos

Capítulo 11 Mantener un estilo de vida saludable para el manejo de la ciclotimia.

1. Ejercicio: El ejercicio regular puede ayudar a reducir los síntomas de la ciclotimia. El ejercicio libera endorfinas, que son sustancias químicas que mejoran el estado de ánimo y reducen los síntomas de la depresión. El ejercicio también puede ayudar a reducir el estrés y mejorar la calidad del sueño.
2. Alimentación: Una alimentación saludable puede ayudar a reducir los síntomas de la ciclotimia. Las dietas ricas en grasas y carbohidratos simples pueden empeorar los síntomas de la depresión y la ansiedad, mientras que las dietas ricas en frutas, verduras y proteínas pueden mejorar el estado de ánimo y reducir los síntomas de la ciclotimia.
3. Sueño: El sueño es esencial para el manejo de la ciclotimia. Las personas con ciclotimia a menudo experimentan problemas para conciliar el sueño o para mantenerse dormidos durante la noche. Es importante establecer una rutina de sueño regular y evitar el consumo de cafeína y alcohol antes de acostarse.

4. Reducción del estrés: La reducción del estrés es importante para el manejo de la ciclotimia. Las técnicas de relajación, como la meditación y el yoga, pueden ayudar a reducir el estrés y mejorar el bienestar general.

En conclusión, mantener un estilo de vida saludable puede ser muy útil para el manejo de la ciclotimia. El ejercicio regular, una alimentación saludable, un sueño adecuado y la reducción del estrés son factores importantes para reducir los síntomas de la ciclotimia y mejorar el bienestar general. Es importante trabajar con un profesional de la salud mental para desarrollar un plan de tratamiento completo para la ciclotimia que incluya tanto el manejo de los síntomas como la promoción de un estilo de vida saludable.

La ansiedad me hace sentir agotado, lo que me lleva a comer en exceso y descuidar mi dieta. Además, también me cuesta encontrar la energía para hacer ejercicio físico.

Sé que llevar un estilo de vida saludable es importante para mi bienestar general, pero a veces parece imposible. A menudo, me siento atrapado en un círculo vicioso de malos hábitos y auto-críticas negativas.

Sin embargo, he aprendido que es posible hacer pequeños cambios para mejorar mi salud, incluso cuando me siento abrumado. He encontrado maneras de hacer ejercicio que disfruto, como caminar al aire libre o practicar yoga en casa. Además, trato de comer una dieta equilibrada, aunque a veces me permito disfrutar de un antojo dulce o salado sin sentirme culpable.

Aunque todavía tengo días en que me siento desanimado y sin energía, he aprendido a ser compasivo conmigo mismo y a no juzgarme por mis luchas. Aprendí que la salud mental y física están conectadas y que cualquier pequeño paso que pueda tomar para cuidar mi cuerpo también puede beneficiar mi mente.

Llevar un estilo de vida saludable sigue siendo un desafío, pero estoy comprometido a hacerlo lo mejor que pueda, incluso si eso significa hacer cambios lentos y graduales.

"La vida no se trata de esperar a que pase la tormenta, sino de aprender a bailar bajo la lluvia." - Vivian Greene

Capítulo 12 El apoyo social en el manejo de la ciclotimia.

La ciclotimia puede ser un trastorno difícil de manejar, y el apoyo social puede ser un factor clave en el manejo exitoso de la enfermedad. Algunas formas en que el apoyo social puede ayudar incluyen:

1. Reducción del estrés: Tener personas de confianza con quienes hablar y compartir sus sentimientos puede reducir el estrés y la ansiedad.
2. Mejora de la autoestima: El apoyo social puede mejorar la autoestima y la confianza en uno mismo.
3. Fomento de la adherencia al tratamiento: Las personas con ciclotimia pueden tener dificultades para cumplir con el tratamiento prescrito, pero el apoyo social puede ayudar a motivar y fomentar la adherencia al tratamiento.
4. Prevención de recaídas: Las personas con ciclotimia pueden tener episodios recurrentes de síntomas. El apoyo social puede ayudar a prevenir las recaídas al proporcionar un sistema de apoyo sólido y continúo.

Es importante recordar que el apoyo social no se limita a amigos y familiares. Los grupos de apoyo y los profesionales de la salud mental también pueden proporcionar una fuente valiosa de apoyo y orientación.

El apoyo social puede ser un factor clave en el manejo de la ciclotimia. Las personas con ciclotimia pueden beneficiarse de tener una red de apoyo sólida y continúa, que incluya amigos, familiares, grupos de apoyo y profesionales de la salud mental. El apoyo social puede ayudar a reducir el estrés, mejorar la autoestima, fomentar la adherencia al tratamiento y prevenir recaídas.

Siempre he encontrado difícil compartir mis sentimientos y pensamientos con amigos y familiares. Al principio, traté de hablar con personas cercanas a mí, pero muchas veces me sentía incomprendido o minimizado. A menudo me decían que "solo tenía que levantarme y hacer algo", sin darse cuenta de que mi enfermedad era mucho más compleja que eso.

Incluso cuando intentaba pedir ayuda o apoyo emocional, a veces me encontraba con actitudes de rechazo o incomodidad. Algunas personas simplemente no sabían cómo responder a mi situación, lo que me hacía sentir aún más aislado y solo.

Finalmente, me di cuenta de que necesitaba encontrar apoyo en grupos de personas que estaban pasando por situaciones similares a la mía. A través de terapia grupal y grupos de apoyo, encontré personas que podían entender mi experiencia y proporcionar una comunidad de apoyo. En estos grupos, no me sentí juzgado o aislado, y pude recibir el aliento y la ayuda que necesitaba para seguir adelante.

Aunque todavía me cuesta hablar con las personas sobre mi enfermedad mental, he aprendido que hay lugares seguros y personas solidarias donde puedo encontrar el apoyo que necesito. No estoy solo en esta lucha, y sé que hay personas que me quieren ayudar y estar allí para mí.

"Si puedes soñarlo, puedes lograrlo." - Walt Disney

Esta cita resalta la importancia de tener sueños y objetivos en la vida y la creencia en que pueden hacerse realidad si se trabaja arduamente para lograrlos. Para las personas con ciclotimia, tener un propósito en la vida y establecer metas alcanzables puede ser especialmente importante para mantener la motivación y la esperanza en momentos difíciles. Además, esta cita también destaca la importancia de la creatividad y la imaginación, y cómo pueden ayudarnos a ver posibilidades donde otros ven obstáculos.

Capítulo 13 El autocuidado en la gestión de la ciclotimia.

El autocuidado se refiere a las acciones que una persona toma para mantener su propia salud física y emocional. Para las personas con ciclotimia, el autocuidado puede ser especialmente importante para prevenir episodios de depresión o hipomanía y mantener una vida equilibrada. Algunas formas en que el autocuidado puede ayudar incluyen:

1. Mantenimiento de una rutina: Las personas con ciclotimia pueden beneficiarse de tener una rutina diaria consistente para ayudar a mantener un equilibrio emocional.

   Las personas con ciclotimia experimentan cambios de humor que pueden variar desde períodos de depresión leve hasta episodios de hipomanía. Para mantener un equilibrio emocional y prevenir episodios de depresión o hipomanía, puede ser útil tener una rutina diaria consistente.

Mantener una rutina consistente puede ayudar a regular el reloj interno del cuerpo y proporcionar una sensación de estabilidad y seguridad. Algunas sugerencias para crear una rutina diaria incluyen:

- Establecer una hora regular para despertarse y acostarse
- Planificar las comidas y meriendas a lo largo del día
- Establecer horarios para realizar actividades físicas, como el ejercicio o las caminatas al aire libre
- Asignar tiempo para actividades relajantes como leer, meditar o hacer yoga
- Planificar tiempo para socializar con amigos y familiares, o participar en actividades que le brinden placer y satisfacción

Es importante tener en cuenta que las personas pueden necesitar ajustar su rutina en función de su propia experiencia y necesidades individuales. Es posible que algunas personas necesiten ser más flexibles con su rutina, especialmente durante los períodos de mayor estrés o cambios en su estado de ánimo.

En resumen, mantener una rutina diaria consistente puede ser una herramienta útil para ayudar a las personas con ciclotimia a mantener un equilibrio emocional. Una rutina que incluya tiempo para actividades físicas, relajantes y sociales puede proporcionar una sensación de estabilidad y seguridad.

2. Ejercicio regular: El ejercicio puede ayudar a reducir el estrés, mejorar el sueño y aumentar los niveles de endorfinas, lo que puede mejorar el estado de ánimo y la energía.

El ejercicio regular no solo puede ayudar a mejorar la salud física, sino que también se ha demostrado que tiene efectos positivos en la salud mental. En particular, se ha encontrado que el ejercicio puede ayudar a reducir los síntomas de ansiedad y depresión, mejorar el estado de ánimo y aumentar los niveles de energía.

Para las personas con ciclotimia, mantener una rutina de ejercicio regular puede ser especialmente beneficioso para ayudar a estabilizar los cambios de humor. Al hacer ejercicio, se liberan endorfinas, que son sustancias químicas que pueden ayudar a reducir el estrés y la ansiedad, y mejorar el estado de ánimo.

Además, el ejercicio regular también puede ayudar a establecer una rutina diaria y un sentido de estructura, lo que puede ser especialmente útil para las personas con ciclotimia que pueden tener dificultades para mantener una rutina consistente.

Es importante señalar que el ejercicio regular no tiene que ser intenso ni agotador para ser beneficioso. Incluso caminar o hacer estiramientos suaves pueden ser útiles para mejorar la salud mental y física. Lo importante es encontrar una forma de actividad física que se disfrute y que sea sostenible a largo plazo.

En resumen, el ejercicio regular es un componente importante del manejo de los síntomas de la ciclotimia. Puede ayudar a reducir la ansiedad y la depresión, mejorar el estado de ánimo y establecer una rutina diaria. Es importante encontrar una actividad física que se disfrute y sea sostenible a largo plazo.

3. Alimentación saludable: Una dieta equilibrada puede proporcionar los nutrientes necesarios para mantener un cuerpo y una mente saludables.

La alimentación saludable es importante para todas las personas, pero para quienes tienen ciclotimia, puede ser especialmente crucial. La investigación ha demostrado que los hábitos alimentarios están relacionados con el estado de ánimo y que una dieta poco saludable puede aumentar el riesgo de depresión y otros trastornos del estado de ánimo.

Una dieta saludable debe incluir una variedad de alimentos, como frutas y verduras, proteínas magras, carbohidratos complejos y grasas saludables. Los nutrientes específicos que se deben incluir en la dieta pueden variar según la persona, pero algunos estudios han demostrado que ciertos nutrientes pueden tener efectos positivos en el estado de ánimo, como las vitaminas del complejo B y el omega-3.

Por otro lado, hay ciertos alimentos y bebidas que se deben evitar o consumir con moderación, como los alimentos procesados, la cafeína y el alcohol. Estos alimentos pueden afectar negativamente el estado de ánimo y aumentar los síntomas de la ciclotimia.

Es importante destacar que la alimentación saludable no se trata de hacer una dieta restrictiva o seguir un plan de alimentación estricto. En cambio, se trata de encontrar un equilibrio saludable y sostenible en la ingesta de alimentos. Los cambios pequeños y graduales en los hábitos alimentarios pueden ser más fáciles de mantener a largo plazo.

En resumen, la alimentación saludable es un componente importante del manejo de los síntomas de la ciclotimia. Puede ayudar a mejorar el estado de ánimo y la salud física. Una dieta saludable debe incluir una variedad de alimentos y nutrientes, mientras que se evitan los alimentos procesados, la cafeína y el alcohol. Es importante encontrar un equilibrio saludable y sostenible en la ingesta de alimentos.

4. Sueño adecuado: El sueño es esencial para la salud física y emocional, y las personas con ciclotimia pueden ser especialmente sensibles a la falta de sueño.

El punto 4 del capítulo 12 del libro sobre la ciclotimia se refiere a la importancia de dormir lo suficiente para mantener una buena salud mental.

Las personas con ciclotimia pueden tener dificultades para dormir debido a los cambios de humor y a la ansiedad que pueden experimentar. Sin embargo, es importante tener en cuenta que el sueño es esencial para la salud mental y el bienestar general.

La falta de sueño puede afectar negativamente el estado de ánimo, aumentar la ansiedad y el estrés, y hacer que sea más difícil manejar los síntomas de la ciclotimia. Para ayudar a mejorar la calidad del sueño, es importante seguir una serie de pautas saludables de sueño, tales como:

- Establecer una hora de acostarse y una hora de despertarse regulares.
- Mantener el dormitorio oscuro, tranquilo y fresco.
- Evitar los dispositivos electrónicos antes de acostarse.
- No consumir cafeína ni alimentos pesados antes de dormir.
- Evitar el alcohol y la nicotina antes de dormir.

Además de estas pautas generales, es importante identificar y abordar cualquier problema específico que pueda estar afectando el sueño. Si una persona con ciclotimia está experimentando problemas para dormir, es posible que deba hablar con su médico o psiquiatra para discutir las opciones de tratamiento.

En resumen, el sueño es esencial para mantener una buena salud mental y ayudar a manejar los síntomas de la ciclotimia. Siguiendo pautas saludables de sueño y abordando cualquier problema específico que pueda estar afectando el sueño, las personas con ciclotimia pueden mejorar su calidad de vida y su bienestar general.

5. Reducción del estrés: Las técnicas de relajación, como la meditación, la respiración profunda y el yoga, pueden ayudar a reducir el estrés y la ansiedad.

La ciclotimia puede ser estresante en sí misma, pero hay muchas estrategias que se pueden utilizar para reducir el estrés y mejorar el bienestar mental y emocional. Algunas de estas estrategias incluyen:

1. Ejercicio físico: El ejercicio es una excelente manera de reducir el estrés y mejorar el estado de ánimo. El ejercicio libera endorfinas, que son químicos en el cerebro que nos hacen sentir bien. El ejercicio regular también puede ayudar a mejorar la calidad del sueño, lo que a su vez puede reducir el estrés.
2. Meditación: La meditación es una técnica efectiva para reducir el estrés y mejorar el bienestar emocional. La meditación implica concentrarse en la respiración y liberar los pensamientos y sentimientos negativos. Hay muchas aplicaciones y videos en línea que pueden guiar a las personas a través de la meditación.
3. Terapia: La terapia puede ser una herramienta útil para reducir el estrés y mejorar el manejo de la ciclotimia. Los terapeutas pueden enseñar técnicas de relajación, como la respiración profunda, y pueden ayudar a las personas a identificar y abordar las fuentes de estrés en sus vidas.
4. Reducción de la estimulación: Para algunas personas, la reducción de la estimulación en su entorno puede ser útil para reducir el estrés. Esto puede incluir evitar entornos ruidosos o abarrotados, tomar descansos regulares durante el trabajo y limitar el tiempo en las redes sociales o en línea.
5. Hacer tiempo para actividades placenteras: Hacer tiempo para actividades que son divertidas o relajantes puede ayudar a reducir el estrés y mejorar el

estado de ánimo. Esto podría incluir cosas como leer un libro, escuchar música, ver una película o pasar tiempo con amigos y familiares.

Es importante recordar que el autocuidado no se limita a estas acciones. Cada persona es única y puede necesitar diferentes formas de cuidado personal. Es importante explorar y descubrir qué funciona mejor para uno mismo.

El autocuidado puede ser una parte esencial del manejo de la ciclotimia. Mantener una rutina consistente, hacer ejercicio regular, alimentarse adecuadamente, dormir lo suficiente, reducir el estrés y explorar otras formas de cuidado personal pueden ayudar a mantener un equilibrio emocional y prevenir episodios de depresión o hipomanía.

"La vida no se trata de encontrarse a uno mismo, sino de crearse a uno mismo." - George Bernard Shaw

Esta cita destaca la idea de que no estamos limitados por quiénes somos en este momento, sino que tenemos la capacidad de moldear nuestra propia identidad y crear la vida que deseamos. Para las personas con ciclotimia, puede ser especialmente importante recordar esta idea, ya que la enfermedad a veces puede hacer que se sientan atrapadas en su propio estado de ánimo y en la percepción de sí mismas. Sin embargo, esta cita puede inspirar a las personas a tomar el control de su vida y a trabajar hacia la versión de sí mismas que desean ser, a pesar de los desafíos que puedan enfrentar.

Desde que era niño, siempre me había sentido diferente a los demás. Tenía problemas para concentrarme en la escuela, y me resultaba difícil relacionarme con mis compañeros. A medida que crecía, empecé a darme cuenta de que mi experiencia no era la misma que la de los demás niños. Me sentía abrumado con frecuencia, tenía cambios de humor repentinos y experimentaba una ansiedad constante.

Sin embargo, en aquel entonces, no tenía el vocabulario para expresar lo que estaba sucediendo en mi mente. Mis padres y maestros simplemente pensaban que era un niño hiperactivo y desafiante. Como resultado, no recibí la ayuda que necesitaba hasta muchos años después.

Fue solo después de haber sufrido durante gran parte de mi adolescencia y edad adulta que finalmente me diagnosticaron. Mirando hacia atrás, me doy cuenta de que podría haber evitado mucho dolor y sufrimiento si hubiera recibido la atención y el tratamiento adecuados desde el principio.

La vida es una sola y cuando sufres el increíble desafío de luchar contra tu propio cerebro te cuestionas si de verdad vale la pena seguir adelante, escribí este libro para autoayudarme, para tener una especie de guía, ya que realmente no conseguía ayuda suficiente, me he intentado suicidar 6 veces a lo largo de mi vida, he cumplido con   todas las cosas que dicta mi propio libro y aún no creo que sea ayuda suficiente, saber que a causa de un trastorno que no es tu culpa te llevo a tomar malas decisiones en tu vida por simplemente no saber como luchar, como la falta de apoyo te llevo al consumo de sustancias, como te afecto en tu día a día las medicaciones dadas por el psiquiatra, como sentías que no avanzabas en el control de tus trastornos mentales, como sentías que los trastornos controlaban tu vida, como te afectaba en tus relaciones amorosas, como no podías tener un empleo porque te empeoraba los síntomas, como ninguna ayuda se sentía como suficiente. Si existe un infierno es este y no le deseo a nadie vivir con ningún tipo de trastorno mental, la mente crea laberintos de los cuales no sabe salir y con cada año que pasa sigo sintiéndome sin rumbo, por más metas que me proponga, por más ayuda que busque, al menos logre escribir un libro y espero te ayude a ti.

Los trastornos mentales pueden afectar a cualquier persona, independientemente de su edad. Si sospechas que tu hijo o hija puede estar sufriendo, es crucial buscar ayuda y asesoramiento lo antes posible. No esperes a que sea demasiado tarde para abordar estos problemas.